Cambridge Latin Course

INTEGRATED EDITION

Unit IIA

with Language Information

The right of the University of Cambridge to print and sell all manner of books was granted by Henry VIII in 1534. The University has printed and published continuously since 1584.

CAMBRIDGE UNIVERSITY PRESS

Cambridge
New York   Port Chester
Melbourne   Sydney

Published by the Press Syndicate of the University of Cambridge
The Pitt Building, Trumpington Street, Cambridge CB2 1RP
40 West 20th Street, New York, NY 10011, USA
10 Stamford Road, Oakleigh, Melbourne 3166, Australia

This book, an outcome of work jointly commissioned by the Schools Council before its
closure and the Cambridge School Classics Project, is published under the aegis of
SCDC Publications, Newcombe House, 45 Notting Hill Gate, London W11 3JB.

First published 1971
Tenth printing 1981
Second edition 1982
Tenth printing 1988
Integrated Edition 1990

Printed in Great Britain at the University Press, Cambridge

ISBN 0 521 38946 1

DS

Cover picture: The central roundel of a second-century floor mosaic in the palace at
Fishbourne, showing a winged cupid riding a dolphin. (Sussex Archaeological Trust).

Thanks are due to the following for permission to reproduce photographs:
University of London, The Warburg Institute p. 9; Cambridge University
Collection, copyright reserved p. 16; The Trustees of the British Museum p. 18;
Faculty of Archaeology and Anthropology, Cambridge p. 7; Musei Capitolini, Rome
p. 38; Crown copyright – reproduced with permission of the Controller of Her
Majesty's Stationery Office p. 40; Sussex Archaeological Society pp. 65, 69, 71;
Bernisches Historisches Museum p. 67.

Drawings by Joy Mellor and Leslie Jones

Map by Liz Knox

Contents

Stage 13 in Britanniā   page   1

Stage 14 apud Salvium   21

Stage 15 rēx Cogidubnus   43

Stage 16 in aulā   61

Language Information   77

in Britanniā

hic vir est Gāius Salvius
Līberālis.
Salvius in vīllā
magnificā habitat.
vīlla est in Britanniā.
Salvius multōs servōs
habet.

uxor est Rūfilla.
Rūfilla multās ancillās
habet.
ancillae in vīllā
labōrant.

hic servus est Vārica.
Vārica est vīlicus.
vīllam et servōs cūrat.

hic servus est Philus.
Philus callidus est.
Philus numerāre potest.

hic servus est Volūbilis.
Volūbilis coquus
optimus est.
Volūbilis cēnam
optimam coquere potest.

hic servus est Bregāns.
Bregāns nōn callidus
est. Bregāns numerāre
nōn potest.
Bregāns fessus est.
Bregāns dormīre vult.

3

hic servus est Loquāx.
Loquāx vōcem suāvem
habet.
Loquāx suāviter cantāre
potest.

hic servus est Anti-
Loquāx.
Anti-Loquāx agilis est.
Anti-Loquāx optimē
saltāre potest.
Loquāx et Anti-Loquāx
sunt geminī.

Salvius multōs servōs
habet. servī labōrant.
servī ignāvī et fessī sunt.
servī labōrāre nōlunt.

trēs servī

trēs servī in vīllā labōrant. haec vīlla est in Britanniā. servī dīligenter labōrant,
quod dominum exspectant. servī vītam suam dēplōrant.

Philus: (*pecūniam numerat.*) iterum pluit! semper pluit! nōs sōlem
            numquam vidēmus. ego ad Ītaliam redīre volō. ego sōlem
            vidēre volō.   5

Volūbilis: (*cēnam in culīnā parat.*) ubi est vīnum? nūllum vīnum videō.
            quis hausit? ego aquam bibere nōn possum! aqua est
            foeda!

Bregāns: (*pavīmentum lavat.*) ego labōrāre nōlō! fessus sum. multum
            vīnum bibī. ego dormīre volō.   10
            (*Vārica subitō vīllam intrat. Vārica est vīlicus.*)

Vārica: servī! dominus noster īrātus advenit! apud Canticōs servī
            coniūrātiōnem fēcērunt. dominus est vulnerātus.

Bregāns: nōs dē hāc coniūrātiōne audīre volumus. rem nārrā!

Britanniā: Britannia *Britain*
dēplōrant: dēplōrāre *complain about*
pluit *it is raining*
sōlem: sōl *sun*
Ītaliam: Ītalia *Italy*
redīre volō *I want to return*
aquam: aqua *water*
bibere nōn possum *I cannot drink*
foeda *foul, horrible*
pavīmentum *floor*
lavat: lavāre *wash*
labōrāre nōlō *I do not want to work*
fessus *tired*
advenit: advenīre *arrive*
apud Canticōs *among the Cantici*
coniūrātiōnem: coniūrātiō *plot*
vulnerātus *wounded*

coniūrātiō

Vārica rem nārrāvit:
'nōs apud Canticōs erāmus, quod Salvius metallum novum
vīsitābat. hospes erat Pompēius Optātus, vir benignus. in metallō
labōrābant multī servī. quamquam servī multum ferrum ē terrā
effodiēbant, Salvius nōn erat contentus. Salvius servōs ad sē vocāvit 5
et īnspexit. ūnus servus aeger erat. Salvius servum aegrum ē turbā
trāxit et clāmāvit,
"servus aeger est inūtilis. ego servōs inūtilēs retinēre nōlō."
postquam hoc dīxit, Salvius carnificibus servum trādidit. carnificēs
eum statim interfēcērunt.   10
    hic servus tamen fīlium habēbat; nōmen erat Alātor. Alātor
patrem suum vindicāre voluit. itaque, ubi cēterī dormiēbant, Alātor
pugiōnem cēpit. postquam custōdēs ēlūsit, cubiculum intrāvit. in
hōc cubiculō Salvius dormiēbat. tum Alātor dominum nostrum
petīvit et vulnerāvit. dominus noster erat perterritus; manūs ad 15
servum extendit et veniam petīvit. custōdēs tamen sonōs
audīvērunt. in cubiculum ruērunt et Alātōrem interfēcērunt. tum
Salvius saeviēbat. statim Pompēium excitāvit et īrātus clāmāvit,
    "servus mē vulnerāvit! coniūrātiō est! omnēs servī sunt cōnsciī.
ego omnibus supplicium poscō!"   20
    Pompēius, postquam hoc audīvit, erat attonitus.
    "ego omnēs servōs interficere nōn possum. ūnus tē vulnerāvit.
ūnus igitur est nocēns, cēterī innocentēs."
    "custōdēs nōn sunt innocentēs", inquit Salvius. "cum Alātōre
coniūrābant."   25
    Pompēius invītus cōnsēnsit et carnificibus omnēs custōdēs
trādidit.'

metallum *a mine*
hospes *host*
quamquam *although*
ferrum *iron*
effodiēbant: effodere *dig*
inūtilis *useless*
carnificibus: carnifex *executioner*
nōmen *name*
vindicāre voluit *wanted to avenge*
itaque *and so*
ubi *when*
cēterī *the others*
pugiōnem: pugiō *dagger*

custōdēs: custōs *guard*
ēlūsit: ēlūdere *slip past*
manūs . . . extendit *stretched out his hands*
veniam petīvit *begged for mercy*
saeviēbat: saevīre *be in a rage*
cōnsciī: cōnscius *accomplice*
supplicium *death penalty*
poscō: poscere *demand*
nocēns *guilty*
innocentēs: innocēns *innocent*
coniūrābant: coniūrāre *plot*
invītus *unwilling, reluctant*

Slave-chain

When you have read this story, answer the questions at the end.

Bregāns

tum Vārica, postquam hanc rem nārrāvit, clāmāvit,
    'Loquāx! Anti-Loquāx! dominus advenit. vocāte servōs in āream!
ego eōs īnspicere volō.'
    servī ad āream celeriter cucurrērunt, quod Salvium timēbant.
servī in ōrdinēs longōs sē īnstrūxērunt. vīlicus per ōrdinēs 5
ambulābat; servōs īnspiciēbat et numerābat. subitō exclāmāvit,
    'ubi sunt ancillae? nūllās ancillās videō.'
    'ancillae dominō nostrō cubiculum parant', respondit Loquāx.
    'ubi est Volūbilis noster?' inquit Vārica. 'ego Volūbilem vidēre
nōn possum.'   10
    'Volūbilis venīre nōn potest, quod cēnam parat', respondit Anti-
Loquāx.
    Bregāns in mediīs servīs stābat; canem ingentem sēcum habēbat.
    'rēx Cogidubnus dominō nostrō hunc canem mīsit', inquit
Bregāns. 'canis ferōcissimus est; bēstiās optimē agitāre potest.'   15
    subitō vīgintī equitēs āream intrāvērunt. prīmus erat Salvius.
postquam ex equō dēscendit, Vāricam salūtāvit.
    'servōs īnspicere volō', inquit Salvius. tum Salvius et Vārica per
ōrdinēs ambulābant.
    puerī puellaeque in prīmō ōrdine stābant et dominum suum 20
salūtābant. cum puerīs stābant geminī.
    'salvē, domine!' inquit Loquāx.
    'salvē, domine!' inquit Anti-Loquāx.
    Bregāns, simulac Salvium vīdit, 'domine! domine!' clāmāvit.
    Salvius servō nihil respondit. Bregāns iterum clāmāvit,   25
    'Salvī! Salvī! spectā canem!'
    Salvius saeviēbat, quod servus erat īnsolēns.
    'servus īnsolentissimus es', inquit Salvius. Bregantem ferōciter
pulsāvit. Bregāns ad terram dēcidit. canis statim ex ōrdine ērūpit, et
Salvium petīvit. nōnnūllī servī ex ōrdinibus ērūpērunt et canem 30

retrāxērunt. Salvius, postquam sē recēpit, gladium dēstrīnxit.
    'istum canem interficere volō,' inquit Salvius.
    'hoc difficile est', inquit Bregāns. 'rēx Cogidubnus, amīcus tuus,
tibi canem dedit.'
    'ita vērō, difficile est', respondit Salvius. 'sed ego tē pūnīre 35
possum. hoc facile est, quod servus meus es.'

in āream *into the courtyard*
in ōrdinēs *in rows*
sē īnstrūxērunt: sē īnstruere *draw
    oneself up*
sēcum *with him*
rēx *king*
equitēs: eques *horseman*
equō: equus *horse*
puerī puellaeque *the boys and girls*
geminī *twins*
simulac *as soon as*
īnsolēns *rude, insolent*
ērūpit: ērumpere *break away*
nōnnūllī *some, several*
retrāxērunt: retrahere *drag back*
sē recēpit: sē recipere *recover*
pūnīre *punish*
facile *easy*

**British vase showing
a hunting dog**

```
0                    2 inches
└────────────────────┘

0                    5 cm
```

1 Who inspected the slaves before Salvius arrived?
2 Why were the slave-girls missing from the inspection?
3 What gift had been sent for Salvius? Who had sent it?
4 Why did Bregans want to attract Salvius' attention?
5 Why did Salvius draw his sword?
6 What impression of Bregans do you get from this story?

About the language

1   Study the following pairs of sentences:

Bregāns dormit.   Bregāns **dormīre** vult.
Bregans is sleeping.   Bregans wants to sleep.

iuvenēs vīnum bibunt.   iuvenēs vīnum **bibere** volunt.
The young men are   The young men want to drink
drinking wine.   wine.

servī currunt.   servī celeriter **currere** possunt.
The slaves are running. The slaves are able to run quickly.

coquus cēnam parat.   coquus cēnam optimam **parāre** potest.
The cook is preparing   The cook is able to prepare a very
dinner.   good dinner.

The form of the verb in heavy print is known as the *infinitive*.

2   Further examples:

1 Anti-Loquāx currit.   Anti-Loquāx currere potest.
2 Bregāns labōrat.   Bregāns labōrāre nōn vult.
3 geminī fābulam audīre volunt.
4 puerī festīnāre nōn possunt.

3   The verbs 'volō' and 'possum' are often used with an infinitive.
They form their present tense as follows:

(ego) volō	I want	(ego) possum	I am able
(tū) vīs	you (s) want	(tū) potes	you (s) are able
vult	he wants	potest	he is able
(nōs) volumus	we want	(nōs) possumus	we are able
(vōs) vultis	you (pl) want	(vōs) potestis	you (pl) are able
volunt	they want	possunt	they are able

ego sōlem vidēre volō.   I want to see the sun.
tū pugnāre nōn potes.   You are not able to fight.

4 'possum', 'potes', etc. can also be translated as 'I can', 'you can', etc.:

nōs dormīre nōn possumus.   We cannot sleep.
ego leōnem interficere possum. I can kill the lion.

5 Further examples:

1 ego pugnāre possum.
2 nōs effugere nōn possumus.
3 nōs vīnum bibere volumus.
4 tū labōrāre nōn vīs.
5 vōs celeriter currere potestis.

Salvius fundum īnspicit

postrīdiē Salvius fundum īnspicere voluit. Vārica igitur eum per fundum dūxit. vīlicus dominō agrōs et segetem ostendit.

'seges est optima, domine', inquit Vārica. 'servī multum frūmentum in horreum iam intulērunt.'

Salvius, postquam agrōs circumspectāvit, Vāricae dīxit,   5
'ubi sunt arātōrēs et magister? nōnne Cervīx arātōribus praeest?'

'ita vērō, domine!' respondit Vārica. 'sed arātōrēs hodiē nōn labōrant, quod Cervīx abest. aeger est.'

agrōs: ager *field*
segetem: seges *crop, harvest*
frūmentum *grain*
horreum *barn, granary*
intulērunt: īnferre *bring in*
arātōrēs: arātor *ploughman*
magister *foreman*
nōnne *surely*
praeest: praeesse *be in charge of*

Salvius eī respondit, 'quid dīxistī? aeger est? ego servum aegrum
retinēre nōlō.'   10
'sed Cervīx perītissimus est', exclāmāvit vīlicus. 'Cervīx sōlus
rem rūsticam cūrāre potest.'
'tacē!' inquit Salvius. 'eum vēndere volō.'
simulatque hoc dīxit, duōs servōs vīdit. servī ad horreum
festīnābant.   15
'quid faciunt hī servī?' rogāvit Salvius.
'hī servī arātōribus cibum ferunt, domine. placetne tibi?'
respondit Vārica.
'mihi nōn placet!' inquit Salvius. 'ego servīs ignāvīs nūllum
cibum dō.'   20
tum dominus et vīlicus ad horreum advēnērunt. prope horreum
Salvius aedificium vīdit. aedificium erat sēmirutum.
'quid est hoc aedificium?' inquit Salvius.
'horreum novum est, domine!' respondit vīlicus. 'alterum
horreum iam plēnum est. ego igitur novum aedificāre voluī.'   25
'sed cūr sēmirutum est?' inquit Salvius.
Vārica respondit, 'ubi servī horreum aedificābant, domine, rēs
dīra accidit. taurus, animal ferōx, impetum in hoc aedificium fēcit.
mūrōs dēlēvit et servōs terruit.'
'quis taurum dūcēbat?' inquit Salvius. 'quis erat neglegēns?'   30
'Bregāns!'
'ēheu!' inquit Salvius. 'ego Britannīs nōn crēdō. omnēs Britannī
sunt stultī, sed iste Bregāns est stultior quam cēterī!'

ei *to him*
perītissimus: perītus *skilful*
sōlus *alone, only*
rem rūsticam *the farming*
cūrāre *look after, supervise*
simulatque *as soon as*
ferunt: ferre *bring*
ignāvīs: ignāvus *lazy*
aedificium *building*
dīra *dreadful*
taurus *bull*
neglegēns *careless*
Britannīs: Britannī *Britons*

About the language

1 In this Stage, you have met a new way of saying 'and' in Latin:

puerī puellae**que**   boys and girls
dominus servī**que**   master and slaves

Further examples:

1 servī ancillaeque
2 agricolae mercātōrēsque

2 The next examples are slightly longer:

dominus ex equō dēscendit, vīllam**que** intrāvit.
The master got off his horse and went into the house.

Salvius mīlitēs centuriōnem**que** salūtāvit.
Salvius greeted the soldiers and the centurion.

Further examples:

1 Vārica servōs ancillāsque īnspexit.
2 Volūbilis ad culīnam revēnit, cibumque parāvit.

Practising the language

1 Complete each sentence of this exercise with the most suitable word from the list below and then translate.

effugere, numerāre, dormīre, bibere, īnspicere, portāre

1 Volūbilis nōn est laetus. aquam in culīnā bibit.
vīnum . . . . . vult.
2 Bregāns est rōbustus. amphoram ad culīnam portat.
Bregāns trēs amphorās . . . . . potest.
3 Philus est callidus. pecūniam in tablīnō numerat.
Philus pecūniam celerrimē . . . . . potest.
4 Salvius est dominus. Salvius servōs dīligenter īnspicit.
Salvius fundum quoque . . . . . vult.
5 Loquāx et Anti-Loquāx sunt fessī. puerī in culīnā dormiunt.
puerī saepe . . . . . volunt.
6 servī contentī nōn sunt. servī ā vīlicō effugiunt.
servī ē vīllā . . . . . volunt.

rōbustus *strong*   celerrimē *very quickly*
amphoram: amphora *wine-jar*   ā vīlicō *from the bailiff*

2 Complete each sentence of this exercise with the most suitable word from the lists below, and then translate. Do not use any word more than once.

cōnspexī   verberāvī   vituperāvī   obdormīvī   fūgī
cōnspexistī   verberāvistī   vituperāvistī   obdormīvistī   fūgistī
cōnspexit   verberāvit   vituperāvit   obdormīvit   fūgit

1 servus in cubiculō labōrābat. servus, quod erat fessus, in cubiculō . . . . . .
2 Salvius, postquam cubiculum intrāvit, servum . . . . . ; statim fūstem cēpit et servum . . . . . .
3 Rūfilla Salviō clāmāvit, 'tū es dominus dūrus! cūr tū servum . . . . . ?'
4 'ego servum . . . . . , quod in cubiculō dormiēbat', respondit Salvius.

5 'heri', inquit Rūfilla, 'tū ancillam meam . . . . . , quod neglegēns erat. ancilla perterrita erat, et ē vīllā . . . . . .'
6 'in vīllā meā ego sum dominus', inquit Salvius. 'ego ancillam . . . . . , quod ignāva erat.'

dūrus *harsh, hard*

Salvius

Gaius Salvius Liberalis was born in central Italy but, like many clever and ambitious young men, he soon moved to Rome, where he gained a reputation for speaking his mind. After becoming a successful lawyer, he was made a Roman senator, probably by the Emperor Vespasian. In A.D.78 he was chosen to be one of the Arval Brotherhood – a group of twelve distinguished men who met to perform religious ceremonies and in particular to pray for the emperor and his family. Salvius was also put in command of a legion; this was not only a great honour but could lead to further honours in the future. Not long afterwards, in about A.D.81, he was sent probably by the Emperor Domitian to help Agricola, the Roman governor of the province of Britain.

Salvius' main task was probably to supervise the law courts and look after the southern part of the province while Agricola was away fighting in the north. He would have travelled round the country acting as a judge; he may also have arranged for some of the money raised by farming and mining in Britain to be sent regularly to the emperor in Rome. The stories in Stages 13 and 14 imagine Salvius and his wife Rufilla living in an impressive villa not far from Noviomagus (Chichester) near the Sussex coast.

Our knowledge of Salvius comes mainly from the details on a gravestone discovered in central Italy and an inscription found in a wood near Rome. He is also mentioned by two Roman writers, Pliny and Suetonius. Another gravestone has been found dedicated to 'Vitellia Rufilla, wife of Gaius Salvius Liberalis, priestess of the welfare of the emperor, best of mothers'. It was set up by their son.

Farming in Roman Britain

The villa

Most inhabitants of Roman Britain lived in the countryside. The native Britons were mainly peasants, living simply in round huts and farming small plots. But some Britons and a few Romans lived in villas and between six and seven hundred of these have been discovered by archaeologists.

The site of a villa surrounded by fields, Lockington, Leicestershire

Villas were well-built country houses with land for farming. The earliest villas had only three or four rooms, sometimes linked by a corridor; they were built mainly of timber and wattle-and-daub, with roofs of stone slabs, tiles or thatch. Later villas were often more complicated in design and were built mostly of stone; the grandest ones might contain long colonnades, flushing latrines, glass windows, under-floor heating, mosaics, and a set of baths complete with 'tepidārium' and 'caldārium'. They also had workshops, barns, living-quarters for the farm labourers and sheds for the animals. In choosing a place to build his villa, the owner would look not only for attractive surroundings but also for practical advantages, such as a nearby supply of running water and shelter from the cold north and east winds.

The main crops grown in Britain at this time were barley, oats, rye and especially wheat. Archaeologists have found traces of all these crops, accidentally scorched or charred, and thus preserved in the earth. The outlines of some of the small fields where the crops were grown can still be seen today, particularly in photographs taken from the air. Wooden ploughs were used, often fitted with an iron ploughshare to turn the soil more deeply. Corn was harvested with sickles; it was then dried, sometimes in hypocausts specially built for the purpose; then it was threshed, and winnowed by being thrown into the wind so that the chaff was blown from the grain. Farming tools were made of wood and iron; they included spades, pitchforks and scythes, some of which have been found by archaeologists.

Most villas seem to have kept animals, such as cattle, sheep, goats, pigs and horses, in addition to geese and hens. Bees were kept to produce honey, which was used to sweeten food (there was no sugar in the Roman world). Many fruits and vegetables were grown, including some (like cherries and peas) which had been

Bronze model of a plough team

brought to Britain by the Romans. The villas could not produce everything they needed, but home-made products such as leather, meat, timber and honey could be traded for shellfish, salt, wine, pottery and ironware.

Many villas were supervised by a manager or bailiff. He would probably, like Varica, be a slave or a freedman. The bailiff was responsible for buying any food or other goods that could not be produced on the villa's own land, and looking after the buildings and slaves. In his book *On Agriculture*, the writer Columella says that the bailiff should be middle-aged and toughened from childhood by farm work.

The slaves

Farm slaves were described by one Roman landowner as just 'farming equipment with voices'. Most of Salvius' farm slaves would be British, whereas many of his house slaves would be imported from abroad. Slaves working on the land lived a much harsher life than domestic slaves, and slaves working in the mines had the harshest life of all. Some slaves were kept in chains; Columella says: 'For chained slaves there should be an underground prison, as healthy as possible, letting in light through a number of narrow windows built above hand's reach'. Slave-chains have been discovered in Britain, designed to fasten several slaves together by their necks.

In theory, the law gave slaves some protection: for example, any owner who killed a sick slave could be charged with murder. In practice, these laws were often ignored, as in the story of Salvius and the Cantican miners. However, in the first century A.D. slaves were becoming increasingly scarce and therefore expensive; this is why Columella wanted his prison to be healthy.

Most agricultural slaves were either born slaves or criminals sentenced to slavery. Columella recommends rewards for slave-women who produce many children. Such 'home-grown' slaves were not cheap, since they took no part in the farming until they were old enough to work, but the son of a skilled slave would be able to learn his father's trade at a very early age. Some of these slaves are known to us by name. For example, a gravestone from Chester was set up by a master in memory of three of his slaves who died young: a slave-boy aged twelve and two ten-year-olds called Atilianus and Anti-Atilianus, probably twins.

Words and phrases checklist

Words in the checklists for Stages 13–16 are usually listed as in the Unit IIA Language Information section. See p.90 for details and practice examples.

[handwritten annotations above advenio: "I", "To", "I have"]

advenio, advenire, advenī – arrive

aedificium – building

aeger – sick, ill

alter: alterum – the other, the second

cantō, cantāre, cantāvī – sing

cēterī – the others, the rest

coniūrātiō: coniūrātiōnem – plot

custōs: custōdem – guard

dēcidō, dēcidere, dēcidī – fall down

dīcō, dīcere, dīxī – say

excitō, excitāre, excitāvī – arouse, wake up

fessus – tired

geminī – twins

hauriō, haurīre, hausī – drain, drink up

horreum – barn, granary

interficiō, interficere, interfēcī – kill

ita vērō – yes

nōlō – I do not want

novus – new

nūllus – not any, no

numerō, numerāre, numerāvī – count

ōrdō: ōrdinem – row

possum – I can, I am able

retineō, retinēre, retinuī – keep

ruō, ruere, ruī – rush

sē – himself

suāviter – sweetly

trahō, trahere, trāxī – drag

volō – I want

vulnerō, vulnerāre, vulnerāvī – wound

[handwritten notes at bottom of page:]

When verbs are given in the vbs three forms are indicated e.g. advenio : I arrive - 1st person singular ("I") present tense

advenire : To arrive - infinitive

adveni : (advenio but perfect tense)

these are called PRINCIPAL PARTS of the VERB.

apud Salvium

with nouns you will also be given the
ACCUSATIVE form, if this means a
change in spelling beyond the m
at the end of the word.

Vārica: Phile! portā hanc amphoram in vīllam!
Philus: amphora magna est. difficile est mihi
          magnam amphoram portāre.
Vārica: cūr?
Philus: quod ego sum senex.

Vārica: Loquāx! Anti-Loquāx! portāte hanc
          amphoram in vīllam!
Loquāx: amphora gravis est. difficile est nōbīs
          amphoram gravem portāre.
Vārica: cūr?
Loquāx: quod nōs sumus puerī.

Vārica: Bregāns! portā hās amphorās in vīllam!
Bregāns: amphorae gravēs sunt. difficile est mihi
        amphorās gravēs portāre.
Vārica: sed necesse est!
Bregāns: cūr?
Vārica: necesse est tibi amphorās portāre quod
        Philus est senex, quod Loquāx et frāter
        sunt puerī, et . . .
Bregāns: quod tū es vīlicus!

Rūfilla

Rūfilla in cubiculō sedet. duae ōrnātrīcēs prope eam stant et crīnēs compōnunt.
Salvius intrat. Rūfilla, simulatque eum cōnspicit, ōrnātrīcēs ē cubiculō dīmittit.
Rūfilla: Salvī! vir crūdēlis es. ego ad hanc vīllam venīre nōlēbam. in
        urbe Londiniō manēre volēbam. Londinium est urbs
        pulcherrima, ubi multās amīcās habeō. difficile est mihi 5
        amīcās relinquere.

ōrnātrīcēs: ōrnātrīx *hairdresser*
dīmittit: dīmittere *send away, dismiss*
crūdēlis *cruel*

Londiniō: Londinium *London*
amīcās: amīca *friend*
relinquere *leave*

Salvius: Rūfilla! quam levis es! ubi in urbe Londiniō habitābāmus,
cotīdiē ad mē veniēbās. cotīdiē mihi ita dīcēbās,
    'Semprōnia, amīca mea, est fortūnātior quam ego.
maritum optimum habet. marītus eī rēs pretiōsās semper 10
dat. vīllam rūsticam eī prōmīsit. ego quoque vīllam
rūsticam habēre volō, sed tū mihi nihil dās.'
    tandem vīllam tibi dedī, sed etiam nunc nōn es contenta.

Rūfilla: sed ego vīllam prope urbem habēre volēbam. haec vīlla ab
urbe longē abest. 15

Salvius: tū ipsa hanc vīllam ēlēgistī. ego, quamquam pretium
magnum erat, eam libenter ēmī. nōnne haec vīlla est
ēlegāns? nōnne etiam magnifica?

Rūfilla: sed hiems iam appropinquat. amīcae meae semper in urbe
hiemant. nōn commodum est mihi in vīllā rūsticā hiemāre. 20
mātrōna Rōmāna sum. decōrum est mihi cum amīcīs
hiemāre. in hōc locō sōla sum. amīcās meās vīsitāre nōn
possum.

Salvius: quid dīxistī? sōla es? decem ancillās habēs, novem servōs,
duās ōrnātrīcēs, coquum Aegyptium . . . 25

Rūfilla: et marītum dūrum et crūdēlem. nihil intellegis! nihil cūrās!
(*exit lacrimāns.*)

levis *changeable, inconsistent*
fortūnātior: fortūnātus *lucky*
vīllam rūsticam: vīlla rūstica *house in the country*
etiam *even*
ab urbe *from the city*
tū ipsa *you yourself*
pretium *price*
libenter *gladly*
ēlegāns *tasteful, elegant*
hiems *winter*
appropinquat: appropinquāre *approach*
hiemant: hiemāre *spend the winter*
commodum: commodus *convenient*
mātrōna *lady*
decōrum: decōrus *right, proper*
novem *nine*
lacrimāns *weeping, crying*

Domitilla cubiculum parat

'Domitilla! Domitilla! ubi es?' clāmāvit Marcia. Marcia anus erat.
'in hortō sum, Marcia. quid vīs?' respondit Domitilla. 'fessa sum,
quod diū labōrāvī.'

'necesse est nōbīs cubiculum parāre', inquit Marcia. 'domina
nōbīs hoc mandāvit, quod familiārem exspectat.'   5

'ēheu! semper labōrō; numquam ōtiōsa sum', inquit Domitilla.
'puella ignāvissima es', inquit Marcia. 'domina ipsa mē ad tē
mīsit. necesse est tibi cubiculum verrere. necesse est mihi
pavīmentum lavāre. curre ad culīnam! quaere scōpās!'

Domitilla ex hortō discessit et ad culīnam lentē ambulābat. īrāta   10
erat, quod cubiculum verrere nōlēbat.

'ego ōrnātrīx sum', inquit. 'nōs ōrnātrīcēs nihil sordidum
facimus. nōn decōrum est ōrnātrīcibus cubiculum verrere.'

subitō Domitilla cōnsilium cēpit et ad culīnam quam celerrimē
festīnāvit. simulac culīnam intrāvit, lacrimīs sē trādidit.   15

Volūbilis attonitus, 'mea columba', inquit, 'cūr lacrimās?'
'lacrimō quod miserrima sum', ancilla coquō respondit. 'per
tōtum diem labōrāvī. quam fessa sum! nunc necesse est mihi
cubiculum parāre. nōn diūtius labōrāre possum.'

'mea columba, nōlī lacrimāre!' inquit Volūbilis. 'ego tibi   20
cubiculum parāre possum.'

'Volūbilis! quam benignus es!' susurrāvit ancilla.

coquus cum ancillā ad cubiculum revēnit. dīligenter labōrāvit et
cubiculum fēcit pūrum. ancilla laeta dīxit,

'meum mel! meae dēliciae!' et coquō ōsculum dedit.   25

coquus ērubēscēns ad culīnam revēnit.

anus *old woman*	nihil sordidum *no dirty jobs*
quid vīs? *what do you want?*	lacrimīs sē trādidit *burst into tears*
diū *for a long time*	miserrima *very miserable, very sad*
necesse *necessary*	diūtius *any longer*
hoc mandāvit *has given this order*	nōlī lacrimāre *don't cry*
familiārem: familiāris *relation, relative*	pūrum: pūrus *clean, spotless*
domina ipsa *the mistress herself*	mel *honey*
verrere *sweep*	ōsculum *kiss*
scōpās: scōpae *broom*	ērubēscēns *blushing*
lentē *slowly*	

About the language

1 Study the following sentences:

1 **magnus** servus labōrābat.	The **large** slave was working.
2 agricola servum **ignāvum** pūnīvit.	The farmer punished the **lazy** slave.
3 dominus servō **fessō** praemium dedit.	The master gave a reward to the **tired** slave.

The words in heavy print are *adjectives*. They are used to describe nouns. In each of these examples, the adjective is describing the slave.

2 Adjectives change their endings to match the *case* of the nouns they describe.
In sentence 1 above, 'magnus' is nominative because it describes a nominative noun ('servus').
In sentence 2, 'ignāvum' is accusative, because it describes an accusative noun ('servum').
In sentence 3, 'fessō' is dative, because it describes a dative noun ('servō').

3 Translate the following examples and pick out the adjective in each sentence:

1 ancilla perterrita ad culīnam contendit.
2 coquus ancillam perterritam salūtāvit.
3 cīvēs mercātōrem fortem laudāvērunt.
4 cīvēs mercātōrī fortī praemium dedērunt.
5 agricola parvum puerum cōnspexit.
6 agricola parvō puerō equum ostendit.

Find the noun described by each adjective, and say whether the noun and adjective are nominative, accusative or dative.

4 Adjectives also change their endings to match the *number* (i.e. singular or plural) of the nouns they describe. An adjective is singular if it describes a singular noun, and plural if it describes a plural noun. For example:

parvus servus dormiēbat.   The small slave was sleeping.
multī servī bibēbant.   Many slaves were drinking.

5 Translate the following examples and pick out the adjective in each sentence:

1 fēminae laetae per viās ambulābant.
2 fēmina laeta per viās ambulābat.
3 gladiātor leōnem ferōcem necāvit.
4 gladiātor leōnēs ferōcēs necāvit.
5 pictūra pulchra erat in ātriō.
6 vīlicus multōs amīcōs in tabernā vīdit.

Find the noun described by each adjective, and say whether the noun and adjective are singular or plural.

6 When an adjective changes its ending in this way it is said to *agree*, in case and number, with the noun it describes.

7 Adjectives like 'magnus' and 'multī', which indicate *size* or *quantity*, usually come before the noun they describe; other adjectives usually come after the noun.

Rūfilla cubiculum ōrnat

tum Marcia cubiculum intrāvit. lentē prōcēdēbat, quod urnam
portābat. Marcia urnam vix portāre poterat, quod anus erat. ubi
Domitillam cōnspexit, clāmāvit,
   'cūr nōn labōrās? puella ignāvissima es.'
   'quam stulta es!' respondit Domitilla. 'dīligenter labōrāvī. 5
cubiculum fēcī pūrum. nunc necesse est tibi pavīmentum lavāre.'
   Marcia, quamquam erat attonita, Domitillae nihil dīxit. sōla
pavīmentum lavābat. tandem rem cōnfēcit.
   'euge!' inquit Domitilla. 'optimē labōrāvistī. nitidum est
pavīmentum!'   10
   Rūfilla vōcēs audīvit et intrāvit. Domitilla, postquam eam
cōnspexit, cubiculum dēmōnstrāvit.
   'cubiculum tibi parāvimus, domina, et pavīmentum fēcimus
nitidum.'
   'bene labōrāvistis', ancillīs respondit Rūfilla. 'sed, quamquam 15
nitidum est pavīmentum, familiāris meus in hōc cubiculō dormīre
nōn potest. nam cubiculum est inēlegāns. necesse est nōbīs id
ōrnāre. familiāris meus est vir urbānus.'
   'tablīnum est ēlegāns', inquit Domitilla. 'in tablīnō, ubi dominus
labōrat, sunt multae rēs pretiōsae.'   20
   'ita vērō', inquit Rūfilla, 'in tablīnō est armārium
ēlegantissimum. in tablīnō sunt sella aēnea et candēlābrum
aureum. age! Domitilla, necesse est nōbīs ad tablīnum īre.'

ōrnat: ōrnāre *decorate*
urnam: urna *bucket*
vix *hardly, scarcely*
sōla *alone, on her own*
nitidum: nitidus *gleaming, brilliant*
vōcēs: vōx *voice*
dēmōnstrāvit: dēmōnstrāre *point out,
  show*
bene *well*

nam *for*
inēlegāns *unattractive*
id *it*
urbānus *smart, fashionable*
armārium *chest, cupboard*
aēnea *made of bronze*
candēlābrum *lamp-stand, candelabrum*
aureum: aureus *golden, made of gold*
age! *come on!*

About the language

1 Study the following sentence:

cīvis servum **trīstem** salūtāvit.
The citizen greeted the **sad** slave.

The adjective 'trīstem' is in the accusative case because it describes the accusative noun 'servum'.

2 Although 'trīstem' and 'servum' are both accusative, they do not have the same ending. This is because they belong to different declensions, and have different ways of forming their cases. 'trīstis' belongs to the third declension and 'servus' belongs to the second declension.

3 Translate the following examples:

1 Quīntus fābulam mīrābilem nārrāvit.
2 in vīllā habitābat senex stultus.
3 gladiātor bēstiās ferōcēs agitābat.
4 dominus amīcō fidēlī dēnāriōs trādidit.
5 omnēs lībertī vīnum bibēbant.

Pick out the adjective in each sentence and say which noun it is describing.

When you have read this story, answer the questions at the end.

in tablīnō

postrīdiē Salvius et Philus in tablīnō sunt. intrat Rūfilla.
Rūfilla: mī Salvī!
Salvius: occupātus sum! necesse est mihi hās epistulās dictāre. ego
           rem celeriter cōnficere volō. ubi est sella mea?
           (*Salvius sellam frūstrā quaerit.*)   5
           heus! ubi est ista sella?
Rūfilla: mī cārissime! aliquid tibi dīcere volō.
Salvius: tē nunc audīre nōn possum. epistulās dictāre volō. ecce!
           Philus parātus adest. stilī et cērae adsunt – heus! ubi est
           armārium meum? quis cēpit?   10
Rūfilla: Salvī! audī!
           (*tandem Salvius uxōrī cēdit et Philum dīmittit.*)
Salvius: ēheu! abī, Phile! nōn commodum est mihi epistulās
           dictāre.
Rūfilla: bene! nunc aliquid tibi dīcere possum. ubi in urbe   15
           Londiniō nūper eram, familiārem convēnī.
Salvius: tot familiārēs habēs! eōs numerāre nōn possum.
Rūfilla: sed hic familiāris est Quīntus Caecilius Iūcundus. ubi
           mōns Vesuvius urbem Pompēiōs dēlēvit, Quīntus ex urbe
           effūgit. quam cōmis est! quam urbānus!   20
Salvius: hercle! ego Pompēiānīs nōn crēdō. paucī probī sunt, cēterī
           mendācēs. ubi in Campāniā mīlitābam, multōs
           Pompēiānōs cognōscēbam. mercātōrēs Pompēiānī nōs
           mīlitēs semper dēcipiēbant.
Rūfilla: stultissimus es! familiāris meus nōn est mercātor. Quīntus 25
           vir nōbilis est. eum ad vīllam nostram invītāvī.
Salvius: quid dīxistī? Pompēiānum invītāvistī? ad vīllam nostram?
Rūfilla: decōrum est mihi familiārem meum hūc invītāre. ancillae
           familiārī meō cubiculum parāvērunt. ancillae, quod

cubiculum inēlegāns erat, sellam armāriumque tuum in eō 30
posuērunt.

Salvius: īnsāna es, uxor! Pompēiānī mendāciōrēs sunt quam
Britannī. num tū sellam et armārium ē tablīnō extrāxistī?

Rūfilla: et candēlābrum.

Salvius: prō dī immortālēs! ō candēlābrum meum! ō mē miserum! 35

mī Salvī! *my dear Salvius!*
heus! *hey!*
cārissime *dearest*
aliquid *something*
cēdit: cēdere *give in, give way*
bene! *good!*
nūper *recently*
convēnī: convenīre *meet*
tot *so many*
cōmis *courteous, friendly*
paucī *a few*
mīlitābam: mīlitāre *be a soldier*
cognōscēbam: cognōscere *get to know*
mīlitēs: mīles *soldier*
in eō *in it*
num tū . . . extrāxistī? *surely you did not take?*
prō dī immortālēs! *heavens above!*
ō mē miserum! *O wretched me! O dear!*

1 Why has Rufilla come to see Salvius?
2 Why does she address him as 'mī Salvī' and 'mī cārissime'?
3 What mood is Salvius in? Why?
4 Why is Salvius not able to find his chair and cupboard? What
   else is missing from the study?
5 Why is Rufilla pleased about Quintus' visit? Why does Salvius
   not like the idea?

Practising the language

1 Translate into English:

Salvius: Vārica, quaere Bregantem!
Vārica: ego Bregantem quaerere nōn possum. ē vīllā discēdere nōn possum. Rūfilla mē exspectat.
Salvius: Loquāx, Anti-Loquāx, custōdīte vīllam!
Loquāx: vīllam custōdīre nōn possumus. Rūfilla nōs exspectat.
Salvius: Volūbilis, vocā servōs ad mē!
Volūbilis: servōs ad tē vocāre nōn possum. domina nostra eōs exspectat.
           (*Rūfilla intrat.*)
Salvius: Rūfilla, manē!
Rūfilla: manēre nōn possum. servī mē exspectant.

2 Complete each sentence of these paragraphs with the right word from those given below, and then translate. You will have to use some words more than once.

1
	singular	*plural*
nominative	Salvius	servī
accusative	Salvium	servōs

Salvius dominus est. Salvius multōs servōs habet. . . . . . in agrīs dīligenter labōrant. . . . . . est dominus dūrus. Salvius . . . . . verberat. servī . . . . . nōn amant. . . . . . ē vīllā effugere volunt.

2
	singular	*plural*
nominative	Rūfilla	ancillae
accusative	Rūfillam	ancillās

Rūfilla domina est. Rūfilla multās ancillās habet. . . . . . in vīllā labōrant. . . . . . est domina benigna. Rūfilla . . . . . semper laudat. . . . . amant.
(The last sentence has *two* words missing.)

Quīntus advenit

Quīntus ad vīllam advēnit. Salvius ē vīllā contendit et eum salūtāvit.
'mī Quīnte!' inquit. 'exspectātissimus es! cubiculum optimum
tibi parāvimus.'
    Salvius Quīntum in tablīnum dūxit, ubi Rūfilla sedēbat. Rūfilla,
postquam familiārem suum salūtāvit, suāviter rīsit.   5
    'cēnam modicam tibi parāvī', inquit. 'tibi ostreās parāvī et garum
Pompēiānum. post cēnam cubiculum tibi ostendere volō.'
    Salvius, postquam Quīntus cēnam cōnsūmpsit, dē urbe Pompēiīs
quaerēbat.
    'ubi in Campāniā mīlitābam, saepe urbem Pompēiōs vīsitābam. 10
nōnne illa clādēs terribilis erat?'
    Rūfilla interpellāvit,
    'cūr Quīntum nostrum vexās? nōn decōrum est. difficile est
Quīntō tantam clādem commemorāre.'
    Rūfilla ad Quīntum sē convertit.   15
    'fortasse, mī Quīnte, fessus es. cubiculum tibi parāvī. cubiculum
nōn est ōrnātum. in eō sunt armārium modicum et candēlābrum
parvum.'
    Salvius īrātus nihil dīxit.
    Quīntus, postquam cubiculum vīdit, exclāmāvit,   20
    'quam ēlegāns est cubiculum! ego nihil ēlegantius vīdī.'
    'cōnsentiō', inquit Salvius. 'cubiculum tuum ēlegantius est quam
tablīnum meum.'

exspectātissimus: exspectātus *welcome*	tantam *so great, such a great*
modicam *ordinary, little*	commemorāre *talk about*
ostreās: ostrea *oyster*	sē convertit: sē convertere *turn*
garum *sauce*	ōrnātum: ōrnātus *elaborately furnished,*
clādēs *disaster*	*decorated*
terribilis *terrible*	ēlegantius *more tasteful*
interpellāvit: interpellāre *interrupt*	

tripodes argenteī

servī in cubiculō Quīntum vestiēbant. ancilla eī togam tulit. Anti-
Loquāx cubiculum intrāvit et Quīntō dīxit,
  'necesse est dominō meō ad aulam īre. rēx Cogidubnus hodiē
sacrificium facit. rēx omnēs nōbilēs ad aulam invītāvit.'
  'rēgem hodiē vīsitāmus?' rogāvit Quīntus. 'ubi in urbe Londiniō   5
habitābam, saepe dē hōc rēge audiēbam. necesse est mihi dōnum
ferre. fortasse est aliquid in arcā meā.'
  iuvenis ad arcam iit et duōs tripodas argenteōs extrāxit.
  Anti-Loquāx attonitus ē cubiculō exiit et Salviō rem nārrāvit.
Salvius, postquam dē tripodibus argenteīs audīvit, ad cellārium 10
contendit.
  'necesse est mihi rēgem Cogidubnum vīsitāre', inquit. 'dōnum eī
ferre volō.'
  'nōn difficile est nōbīs dōnum invenīre, domine', Salviō respondit
cellārius. 'ecce! urna aēnea. antīquissima est. placetne tibi?'   15
  'mihi nōn placet', inquit Salvius. 'dōnum aēneum Cogidubnō
ferre nōlō.'
  cellārius Salviō amphoram dēmōnstrāvit.
  'nōnne vīnum est dōnum optimum, domine?' inquit cellārius.
  'minimē!' respondit Salvius. 'Cogidubnus multās amphorās   20
habet, multumque vīnum. rēx vīnum ex Ītaliā cotīdiē importat.'
  tum Salvius, ubi statuam parvam cōnspexit, clāmāvit,
  'euge! hanc statuam rēgī ferre possum. aurāta est statua. Quīntus
rēgī dōnum argenteum ferre vult; ego tamen aurātum dōnum ferre
possum!'   25
  'domine! nōn dēbēs', inquit cellārius.
  'cūr nōn dēbeō?' rogāvit Salvius.
  'Cogidubnus ipse tibi hanc statuam dedit!' inquit cellārius.
  'hercle!' clāmāvit Salvius. 'necesse est mihi istam urnam ad
aulam portāre.'   30

tripodes *tripods*
argenteī: argenteus *made of silver*
vestiēbant: vestīre *dress*
tulit: ferre *bring*
aulam: aula *palace*
arcā: arca *strong-box, chest*
cellārium: cellārius *steward*
urna *jar, jug*
importat: importāre *import*
aurāta *gilded, gold-plated*
nōn dēbēs *you shouldn't, mustn't*

About the language

1 In Stage 13, you met the present tense of 'possum', 'I am able':

Loquāx currere potest.   ego labōrāre nōn possum.
Loquax is able to run.   I am not able to work.

2 You have now met 'possum' in the imperfect tense:

Loquāx currere poterat.   ego labōrāre nōn poteram.
Loquax was able to run.   I wasn't able to work.
or Loquax could run.   *or* I couldn't work.

3 The complete imperfect tense of 'possum' is:

(ego)   poteram   I was able (*or* 'I could')
 (tū)   poterās   you (singular) were able
        poterat   he was able
(nōs)   poterāmus   we were able
(vōs)   poterātis   you (plural) were able
        poterant   they were able

4 Further examples:

1 servī sōlem vidēre nōn poterant.
2 Bregāns amphoram portāre nōn poterat.
3 nōs labōrāre nōn poterāmus.
4 tū in urbe manēre nōn poterās.

Britain in the first century A.D.

0   100m
0   150km

BRIGANTES

Eboracum

Lindum

LEAD   Deva   LEAD

Viroconium   Watling

ICENI

GOLD   Fosse Way   Street

Camulodunum

Londinium

Aquae Sulis   *ATREBATES*

IRON

DUROTRIGES   *REGNENSES*   *CANTICI*

Isca   Noviomagus

TIN

The Romans in Britain

The first Roman general to lead his soldiers into Britain was Julius Caesar, in 55 B.C. Britain was inhabited at the time by a number of different tribes each ruled by its own king or chieftain. Caesar wrote an account of his visit to Britain, in which he described the inhabitants as fierce warriors, living on good agricultural or pasture land, in a country rich in timber and minerals. Their skills included not only farming, but also making pottery and working with iron and bronze.

Caesar wanted to find out whether the wealth of Britain was worth the trouble of occupying it with Roman troops. But after another short visit in 54 B.C., he did not explore any further. His

Inscription from the triumphal arch in Rome commemorating the Claudian invasion of Britain

attention was needed for wars elsewhere, first in Gaul and then in a struggle against his own Roman government. Ten years later, he was assassinated.

Caesar's great-nephew Augustus became the first Roman emperor. He and his successors kept away from Britain for more than half a century. But in A.D. 43 the Emperor Claudius decided to invade. Perhaps he had received fresh information about British wealth; more probably he needed some military success for his own prestige. Claudius did not lead the invasion force himself, but he followed it, spending sixteen days in Britain, watching his army's assault on Colchester and giving official approval to the actions of his commander Aulus Plautius.

Eleven British kings surrendered after this campaign, and Britain was declared a Roman province, with Aulus Plautius as its first governor. This meant that the Romans were taking over the country as part of their empire. From then on, Roman officials would enforce Roman law and collect Roman taxes. Romans would be able to buy land in Britain and use it for agriculture or mining. And the Roman army would be present to keep the peace in the province, firmly and sometimes brutally.

Some British rulers, like King Cogidubnus in the south, chose to co-operate with the invaders and become allies and dependants of Rome. Others, such as Caratacus in Wales, and Queen Boudica in East Anglia, resisted the Romans bitterly but unsuccessfully. The Romans gradually pushed the frontier further north, to include the Midlands and Wales, then the northern kingdom of Brigantia.

The stories in Stages 13 and 14 are set in the time of Britain's most famous governor, Gnaeus Julius Agricola. Agricola stayed in the province for seven years, longer than any other governor; he led his army into the Scottish highlands where he built a number of forts, some of which are still being discovered by aerial photography. But Agricola's purpose was not just military victory. His son-in-law, the historian Tacitus, says: 'He wanted to accustom the Britons to a life of peace, by providing them with the comforts of civilisation. He gave personal encouragement and official aid to the building of temples, forums and houses . . . He educated the sons of the chiefs . . . so that instead of hating the Latin language, they began to speak it well.'

Roman road on Wheeldale Moor, North Yorkshire

Gradually, a network of roads spread across the province. One of the earliest, the Fosse Way, ran from Exeter to Lincoln and may have marked the original 'frontier' during the governorship of Aulus Plautius; it is still possible to walk or drive along stretches of it. Other roads (such as Watling Street, which roughly follows the course of the modern A5 road) acted as links between the lowland areas of the south-east, where the Romans quickly gained control, and the hillier country in the north and west, where fighting continued on and off for many years and where the most important Roman forts were situated.

The roads were originally built for the use of Roman soldiers; but before long they were being extensively used by merchants as well. Trade between Britain and the continent increased rapidly. Among the items exported from Britain in Roman times were three products mentioned in Stage 13: grain, hunting dogs and iron from the mines of Kent. Gold (in Wales), tin (in Cornwall) and lead (in Derbyshire and Clwyd) were also mined in Roman Britain. In return, Britain imported many goods from Rome and the rest of the empire. Among them were olive oil and wine, carried in amphorae of the kind shown on pages 22–3. Romans who came to stay in Britain brought their own way of life with them; and many Britons, especially members of the leading families, wanted to imitate the manners of the invaders and to become as Roman as possible.

Some Britons became very wealthy from this trade and welcomed the Romans enthusiastically; others suffered severely from the arrival of the Romans; others again were hardly affected at all. Many of them no doubt had mixed feelings about becoming part of the Roman empire. It gave them a share in Roman prosperity and the Roman way of life; but it also meant Roman taxes and a Roman governor backed by Roman troops. However, whether welcome or unwelcome, the Romans were to remain in Britain for nearly four hundred years.

Important events and dates

Date	Emperor	Event
B.C.		
55–54		Julius Caesar's expeditions to Britain
44		*Assassination of Julius Caesar*
27	Augustus	
A.D.		
14	Tiberius	
37	Gaius (Caligula)	
41	Claudius	
43		Invasion of Britain under Aulus Plautius
		Claudius enters Colchester in triumph
		Vespasian's expedition against the Durotriges
		Britain becomes a Roman province
51		Defeat of Caratacus
54	Nero	
61		Revolt of Boudica
69	*Civil War*	
	Vespasian	
75		Fishbourne palace near Chichester is built
78		Salvius becomes member of Arval Brotherhood
		Agricola comes to Britain as governor
79	Titus	*Eruption of Vesuvius*
81	Domitian	Salvius is sent to Britain
83–84		Agricola's campaigns in Scotland

Words and phrases checklist

antīquus – old, ancient
apud – among, at the house of
argenteus – made of silver
attonitus – astonished
aula – palace
cotīdiē – every day
decōrus – right, proper
dēleō, dēlēre, dēlēvī – destroy
deus – god
dictō, dictāre, dictāvī – dictate
difficilis – difficult
dīligenter – carefully
domina – mistress
dōnum – present, gift
familiāris: familiārem – relation, relative
fidēlis – faithful, loyal
ipse, ipsa – himself, herself
iste – that
lavō, lavāre, lāvī – wash
marītus – husband
necesse – necessary
nōbilis – noble, of noble birth
num? – surely . . . not?
pretiōsus – expensive, precious
quam – how
quamquam – although
-que – and
rēx: rēgem – king
sella – chair
ubi – when

rēx
Cogidubnus

multī Britannī ad aulam
vēnērunt. senex, quī
scēptrum tenēbat, erat
rēx Cogidubnus.

fēmina prope
Cogidubnum sedēbat.
fēmina, quae diadēma
gerēbat, erat rēgīna.

multī Rōmānī Cogidubnō
rēs pretiōsās dabant.
dōnum, quod rēgem
maximē dēlectāvit, erat
equus.

duae ancillae ad rēgem
vēnērunt. vīnum, quod
ancillae ferēbant, erat in
paterā aureā. rēx vīnum
lībāvit.

servus agnum ad āram
dūxit. agnus, quem
servus dūcēbat, erat
victima.

sacerdōs victimam
īnspexit. victima, quam
servus tenēbat, bālāvit.
sacerdōs victimam
interfēcit.

45

ad aulam

Salvius et Quīntus ad aulam cum multīs servīs prōcēdēbant. agmen
erat splendidum. in prīmā parte decem servī ībant. hī servī erant
praecursōrēs; virgās longās tenēbant. in mediō agmine Salvius et
Quīntus equitābant. ancilla, quae post Salvium ambulābat, urnam
portābat. servus, quī post Quīntum ambulābat, tripodas portābat. 5
aliae ancillae flōrēs et unguentum ferēbant. vīgintī servī cum puellīs
ībant. agmen splendidum tōtam viam complēbat.
  Britannī quoque multī ad aulam ībant. uxōrēs līberōsque sēcum
dūcēbant. magna turba erat in viā. tum Vārica, quī cum
praecursōribus equitābat, ad Salvium rediit.   10
  'domine', inquit, 'difficile est nōbīs prōcēdere, quod hī Britannī
viam complent. ē viā exīre nōlunt. quid facere dēbeō?'
  Salvius īrātus eī dīxit,
  'necesse est praecursōribus Britannōs ē viā ēmovēre. nōn
decōrum est Britannīs cīvēs Rōmānōs impedīre. ego quam 15
celerrimē īre volō, quod rēx nōs exspectat.'
  Vārica, quī dominum īrātum timēbat, ad praecursōrēs rediit et
clāmāvit,
  'asinī estis! virgās habētis. ēmovēte Britannōs!'
  praecursōrēs statim virgās vibrābant. multī Britannī in fossās 20
dēsiluērunt, quod virgās timēbant. duo iuvenēs tamen impavidī in
viā cōnsistēbant. prope iuvenēs erat plaustrum, quod tōtam viam
claudēbat.
  'cūr viam clauditis?' rogāvit Vārica. 'necesse est dominō meō ad
aulam īre.'   25
  'nōs quoque ad aulam contendimus. rēgem vīsitāre volumus',
respondērunt iuvenēs. 'sed plaustrum movēre nōn possumus, quod
plaustrum rotam frāctam habet. amīcus noster, quem nōs
exspectāmus, aliam rotam quaerit. amīcum exspectāre dēbēmus.'
  Vārica anxius ad Salvium rediit, et eī rem nārrāvit.   30
  'plaustrum, quod vidēs, domine, rotam frāctam habet. difficile
est nōbīs prōcēdere, quod hoc plaustrum tōtam viam claudit.'

Salvius, quī nunc erat īrātior quam anteā, eum vituperāvit.
'num surdus es? caudex! nōn commodum est mihi in hōc locō
manēre. quam celerrimē prōcēdere volō.'   35
Vārica, postquam ad plaustrum rediit, praecursōrēs vituperāvit.
'caudicēs!' clāmāvit. 'ēmovēte hoc plaustrum! dēicite in fossam!'
praecursōrēs, postquam Vāricam audīvērunt, plaustrum in
fossam dēiēcērunt. iuvenēs, quī erant attonitī, vehementer
resistēbant et cum praecursōribus pugnābant. tum praecursōrēs 40
iuvenēs quoque in fossam dēiēcērunt. Salvius, quī rem spectābat,
cachinnāns prōcessit.
'Britannī sunt molestissimī', inquit Salvius. 'semper nōs
Rōmānōs vexant.'

agmen *procession*
in prīmā parte *in the forefront*
praecursōrēs: praecursor *forerunner (sent
  ahead of a procession to clear the way)*
virgās: virga *rod, stick*
equitābant: equitāre *ride*
flōrēs: flōs *flower*
unguentum *perfume*
sēcum *with them*
facere dēbeō *ought to do*
ēmovēre *move, clear away*
impedīre *delay, hinder*
fossās: fossa *ditch*
dēsiluērunt: dēsilīre *jump down*
impavidī: impavidus *fearless*
cōnsistēbant: cōnsistere *stand one's
  ground, stand firm*
plaustrum *wagon, cart*
claudēbat: claudere *block*
movēre *move*
rotam: rota *wheel*
anteā *before*
surdus *deaf*
dēicite! *throw!*
resistēbant: resistere *resist*
cachinnāns *laughing, cackling*
molestissimī: molestus *troublesome*

caerimōnia

servus Salvium et Quīntum ad ātrium dūxit. illī, postquam ātrium
intrāvērunt, magnam turbam vīdērunt. multī prīncipēs Britannicī
in ātriō erant. sermōnēs inter sē habēbant. multae fēminae cum
prīncipibus sedēbant. aderant multī Rōmānī, quī prope prīncipēs
sedēbant. haec multitūdō, quae ātrium complēbat, magnum 5
clāmōrem faciēbat.

Quīntus et Salvius ad medium ātrium contendērunt. ubi illūc
advēnērunt, lectum vīdērunt. in lectō erat effigiēs cērāta. Quīntus
effigiem agnōvit.

'bona est effigiēs! imperātor Claudius est!' clāmāvit Quīntus. 10

'ita vērō', respondit Salvius. 'rēx Cogidubnus Claudium
quotannīs honōrat. fabrī, quī ex Ītaliā veniunt, effigiem quotannīs
faciunt. decōrum est Cogidubnō Claudium honōrāre. nam

Claudius erat imperātor, quī Cogidubnum rēgem fēcit.'

subitō turba, quae prope iānuam stābat, ad terram prōcubuit. 15
prīncipēs Britannicī, quī in mediō ātriō sedēbant, celeriter
surrēxērunt. etiam Rōmānī tacēbant.

'rēx adest', susurrāvit Salvius.

per iānuam intrāvit senex. parvus puer senem dūcēbat, quod

caerimōnia *ceremony*
illī *they*
prīncipēs: prīnceps *chief, chieftain*
Britannicī: Britannicus *British*
sermōnēs: sermō *conversation*
inter sē *among themselves, with each other*
multitūdō *crowd*
illūc *there*

effigiēs cērāta *wax image*
bona *good*
imperātor *emperor*
quotannīs *every year*
honōrat: honōrāre *honour*
fabrī: faber *craftsman*
prōcubuit: prōcumbere *fall*

claudicābat. rēx et puer lentē per turbam prōcēdēbant. rēx, 20
postquam ad effigiem advēnit, vīnum lībāvit. tum sacerdōtēs, quī
prope effigiem stābant, victimās ad rēgem dūxērunt. Cogidubnus
victimās dīligenter īnspexit. victima, quam rēx ēlēgit, erat agnus
niveus. rēx eum sacrificāvit.

    'decōrum est nōbīs Claudium honōrāre', inquit. 25

    sacerdōtēs quoque victimās cēterās sacrificāvērunt. tum decem
prīncipēs Britannicī lectum in umerōs sustulērunt. effigiem ex ātriō
portāvērunt. post prīncipēs vēnērunt sacerdōtēs, quī sollemniter
cantābant.

    in āreā erat rogus. prīncipēs, quī effigiem portābant, ad rogum 30
cum magnā dignitāte prōcessērunt. effigiem in rogum posuērunt.
servus rēgī facem trādidit. tum rēx facem in rogum posuit. mox
flammae rogum cōnsūmēbant. flammae, quae effigiem iam
tangēbant, cēram liquābant. omnēs effigiem intentē spectābant.
subitō aquila ex effigiē ēvolāvit. omnēs spectātōrēs plausērunt. 35

    'ecce!' clāmāvit rēx. 'deī Claudium arcessunt. animus ad deōs
ascendit.'

claudicābat: claudicāre *be lame, limp*
vīnum lībavit *poured wine as an offering*
sacerdōtēs: sacerdōs *priest*
victimās: victima *victim*
agnus *lamb*
niveus *snow-white*
sacrificāvit: sacrificāre *sacrifice*
umerōs: umerus *shoulder*
sustulērunt: tollere *raise, lift up*
sollemniter cantābant *were chanting
   solemnly*

rogus *pyre*
cum magnā dignitāte *with great dignity*
facem: fax *torch*
tangēbant: tangere *touch*
liquābant: liquāre *melt*
aquila *eagle*
ēvolāvit: ēvolāre *fly out*
arcessunt: arcessere *summon, send for*
animus *soul, spirit*
ascendit: ascendere *climb, rise*

lūdī fūnebrēs

post caerimōniam rēx Cogidubnus pompam ad lītus dūxit. ibi
Britannī lūdōs fūnebrēs celebrāvērunt. aderant Rēgnēnsēs, Canticī,
et omnēs gentēs quae in amīcitiā cum Cogidubnō erant.
   competītōrēs diū inter sē certābant. Canticī laetissimī erant,
quod semper vincēbant. vir Canticus celerius quam cēterī cucurrit. 5
pugil Canticus, quī rōbustissimus erat, cēterōs pugilēs facile
superāvit.
   postrēmō erat certāmen nāvāle. nautae Canticī nāvem caeruleam

lūdī fūnebrēs *funeral games*	certābant: certāre *compete*
pompam: pompa *procession*	vincēbant: vincere *be victorious, win*
ad lītus *to the sea-shore*	celerius *faster*
gentēs: gēns *tribe*	certāmen nāvāle *boat-race*
amīcitiā: amīcitia *friendship*	caeruleam *blue*
competītōrēs: competītor *competitor*	

parābant, nautae Rēgnēnsēs nāvem croceam. Dumnorix, prīnceps
Rēgnēnsis, quī nāvī croceae praeerat, gubernātor perītissimus erat. 10
Belimicus, prīnceps Canticus, nāvī caeruleae praeerat. homō
superbus et īnsolēns erat. nautae, postquam nāvēs parāvērunt,
signum intentē exspectābant. subitō tuba sonuit. nāvēs statim
prōsiluērunt; per undās ruēbant. rēmī undās vehementer
pulsābant.   15
    spectātōrēs, quī in lītore stābant, magnōs clāmōrēs sustulērunt.
    Canticī clāmābant, 'nōs Belimicō favēmus! Belimicus vincere
potest! nautae nostrī sunt optimī!'
    Rēgnēnsēs tamen Dumnorigī favēbant:
    'nōs optimam nāvem habēmus! nōs optimum gubernātōrem 20
habēmus! gubernātor Canticus est stultior quam asinus!'
    procul in marī erat saxum ingēns. hoc saxum erat mēta. nāvēs ad
mētam ruēbant. nāvis Rēgnēnsis, quam Dumnorix dīrigēbat, iam
prior erat. ā tergō Belimicus, gubernātor Canticus, nautās suōs
vituperābat.   25
    Dumnorix, ubi saxō appropinquāvit, nāvem subitō ad dextram
vertit.
    'ecce!' inquit Dumnorix. 'perīculōsum est nōbīs prope saxum
nāvigāre, quod scopulus sub undīs latet. necesse est nōbīs scopulum
vītāre.'   30
    Belimicus tamen, quī scopulum ignōrābat, cursum rēctum
tenēbat.

croceam *yellow*	dīrigēbat: dīrigere *steer*
gubernātor *helmsman*	prior *in front, first*
superbus *arrogant, proud*	ā tergō *behind, in the rear*
prōsiluērunt: prōsilīre *leap forward*	ad dextram *to the right*
undās: unda *wave*	nāvigāre *sail*
rēmī: rēmus *oar*	scopulus *reef*
in lītore *on the shore*	sub *under*
procul *far off*	vītāre *avoid*
in marī *in the sea*	ignōrābat *did not know of*
saxum *rock*	cursum rēctum *a straight course*
mēta *turning-point*	

'comitēs', clāmāvit, 'ecce! nōs vincere possumus, quod Dumnorix
ad dextram abiit. hī Rēgnēnsēs sunt timidī; facile est nōbīs vincere,
quod nōs sumus fortiōrēs.'   35
nautae Canticī Belimicō crēdēbant. mox nāvem Rēgnēnsem
superāvērunt et priōrēs ad mētam advēnērunt. Belimicus, quī
scopulum nōn vīdit, Dumnorigem dērīdēbat. subitō nāvis Cantica
in scopulum incurrit. nautae perterritī clāmāvērunt; aqua nāvem
complēbat. Belimicus et Canticī nihil facere poterant; nāvis mox 40
summersa erat.
    intereā Dumnorix, quī cum summā cūrā nāvigābat, circum
mētam nāvem dīrēxit. nāvis ad lītus incolumis pervēnit. multī
spectātōrēs Dumnorigem victōrem laudāvērunt. Rēgnēnsēs laetī,
Canticī miserī erant. tum omnēs ad mare oculōs vertēbant. difficile 45
erat eīs nautās vidēre, quod in undīs natābant. omnēs tamen
Belimicum vidēre poterant, quod in summō saxō sedēbat. madidus
ad saxum haerēbat et auxilium postulābat.

comitēs: comes *comrade, companion*
timidī: timidus *fearful, frightened*
dērīdēbat: dērīdēre *mock, jeer at*
incurrit: incurrere *run onto, collide*
summersa *sunk*
intereā *meanwhile*
cum summā cūrā *with the greatest care*
circum *around*
incolumis *safe*
oculōs: oculus *eye*
eīs *for them*
natābant: natāre *swim*
in summō saxō *on the top of the rock*
madidus *soaked through*
haerēbat: haerēre *cling*

About the language

1   Study the following pair of sentences:

ancilla urnam portābat.
The slave-girl was carrying the jug.

ancilla, **quae post Salvium ambulābat,** urnam portābat.
The slave-girl, **who was walking behind Salvius,** was carrying the jug.

The group of words in heavy print is known as a *relative clause*.

2   A relative clause is used to describe a noun. For example:

Vārica, **quī cum praecursōribus equitābat,** ad Salvium rediit.
Varica, **who was riding with the forerunners,** returned to Salvius.

prope iuvenēs erat plaustrum, **quod tōtam viam claudēbat.**
Near the young men was a wagon, **which was blocking the whole road.**

In the first example, the relative clause describes Varica; in the second, the relative clause describes the wagon.

3   Translate the following examples and pick out the relative clause in each sentence:

1 rēx, quī scēptrum tenēbat, in hortō sedēbat.
2 vīnum, quod Salvius bibēbat, erat optimum.
3 ancillae, quae dominum timēbant, ē vīllā festīnāvērunt.
4 Bregāns, quem Vārica quaerēbat, in horreō dormiēbat.
5 in viā erant multī Britannī, quī Rōmānōs impediēbant.
6 prope āram erat victima, quam rēx sacrificāvit.

In each example, find the noun which is being described by the relative clause.

Practising the language

1 Complete each sentence with the right word or words from the list below and then translate. You will have to use some words more than once.

sum, es, est, sumus, estis, sunt

1 vīlicus ..... anxius; nam Salvius ..... īrātus.
2 vōs agnum sacrificātis quod vōs ..... sacerdōtēs.
3 prīncipēs in aulā ..... , ubi rēgem exspectant.
4 ego ..... dominus; decōrum ..... mihi celeriter prōcēdere.
5 nōs nōn ..... ignāvī; in fundō dīligenter labōrāmus.
6 tū servōs īnspicis quod tū ..... vīlicus.

2 Complete each sentence with the right word and then translate.

1 parvus puer ..... ad effigiem dūxit. (Cogidubnum, Cogidubnō)
2 ubi sacerdōtēs erant parātī, servī vīnum ..... dedērunt. (rēgem, rēgī)
3 Cogidubnus, quī prope effigiem stābat, ... ēlēgit. (victimam, victimae)
4 Dumnorix nāvem ..... ostendit. (amīcōs, amīcīs)
5 facile erat ..... Belimicum vidēre, quod ad saxum haerēbat. (spectātōrēs, spectātōribus)
6 post certāmen nāvāle, rēx ..... ad aulam invītāvit. (nautās, nautīs)

About the language

1   In Unit I, you met the question-word 'num?' which is used to suggest that the answer to the question will be 'no'. Notice again the different ways of translating it:

num tū servus es?	Surely you're not a slave? You're not a slave, are you?
num fūr effūgit?	Surely the thief didn't escape? The thief didn't escape, did he?

2   In Unit IIA, you have met the question-word 'nōnne?' which is used to suggest that the answer will be 'yes'. Notice the different ways of translating it:

nōnne vīnum est dōnum optimum?	Surely wine is a very good present? Wine is a very good present, isn't it?
nōnne tū Rōmānus es?	Surely you are a Roman? You *are* a Roman, aren't you?
nōnne Cogidubnus in aulā habitat?	Surely Cogidubnus lives in a palace? Cogidubnus lives in a palace, doesn't he?

3   Further examples:

     1 nōnne haec pictūra est pulchra?
     2 num perterritus es?
     3 num Bregāns labōrat?
     4 nōnne Bregāns in culīnā dormit?
     5 nōnne rēx tibi illum canem dedit?

Cogidubnus, king of the Regnenses

```
NEPTVNO·ET·MINERVAE
       TEMPLVM
PRO·SALVTE·DOMVS·DIVINAE
EX·AVCTORITATE·TI·CLAVD·
COGIDVBNI·REG·MAGNI·BRIT
COLEGIVM·FABROR·ET·QVI·IN·EO·
SVNT D·S·D·DONANTE·AREAM
    ENTE·PVDENTINI·FIL·
```

To Neptune and Minerva, for the welfare of the Divine House, by the authority of Tiberius Claudius Cogidubnus, great king of the Britons, the Guild of Smiths and those in it gave this temple from their own resources. . . .ens, son of Pudentinus, presented the forecourt.

A slab of stone inscribed with these Latin words was discovered in Chichester not far from the Sussex coast in 1723. When found, the slab was broken, but as soon as the pieces had been fitted together, it was clear that this was the dedication stone of a temple built at the request of Cogidubnus in honour of Neptune, god of the sea, and Minerva, goddess of wisdom and craftsmanship. The elegant lettering, carved in the style of the first century A.D., suggested the work of Roman craftsmen. Roman dedication stones are rather like the foundation stones which are laid nowadays when an important public building, such as a church, library or school, is being erected. They state the name of the person or group of people who gave the site and paid for the building. This particular temple was paid for by the local 'collēgium' or 'guild' of smiths.

The inscription also helps us to construct the life-story of Cogidubnus himself, although many details remain unknown. He was probably a member of the family that ruled the Atrebates. After the Roman invasion in A.D. 43 the Romans appointed him king of this tribe, and the tribe was renamed the Regnenses. Cogidubnus was a faithful supporter of the Romans, and the kingship may have been a reward from the Emperor Claudius for helping them at the time of the invasion.

Cogidubnus was granted the privilege of Roman citizenship and allowed to add the Emperor's names to his own. He became a 'client king', which meant that he ruled on behalf of the emperor and that he was responsible for collecting taxes and keeping the peace in his part of Britain. In this way he played an important part in keeping the southern region loyal to Rome, while the legions advanced to conquer the tribes in the north.

By dedicating the new temple to Neptune and Minerva rather than British gods, Cogidubnus publicly declared his loyalty to Rome. The temple was a sign and reminder of Roman power. Its priests may well have been selected from the local British chieftains, many of whom were quick to see the advantages of supporting the new government. And when the inscription goes on to say that the temple was intended 'for the welfare of the Divine House', Cogidubnus is suggesting that the emperor himself is related to the gods and should be worshipped. The Romans encouraged the people of their empire to respect and worship the emperor in this way, because it helped to build up a sense of unity in a large empire that contained many tribes, many languages and religions.

The Regnenses received not only a new king, but also a new capital town, Noviomagus. It was founded near the Sussex coast, where Chichester now stands. Five kilometres (three miles) to the west is the modern village of Fishbourne, where the remains of a large Roman building were found in 1960 by a workman digging a trench for a new water main. During the eight years of excavation that followed, the archaeologists discovered that this was no ordinary country house. It was a palace as large and splendid as the fashionable houses in Rome itself, with one set of rooms after another, arranged round a huge courtyard. No inscription has been found to reveal the owner's name, but the palace was so large, so magnificent and so near to Noviomagus that Cogidubnus seems the likeliest person.

The palace, however, was not the first building erected on the site. Underneath it the remains of earlier wooden buildings were found, and these go back to the time of the Roman invasion or very shortly afterwards. One of them was a granary. Pieces of metal and a helmet were also found nearby. These discoveries indicate the presence of soldiers; they may have been soldiers of the Second Legion, commanded by Vespasian, a brilliant young general who led the attack against the Durotriges in the south-west. There was a harbour nearby, where Roman supply ships tied up. It is therefore likely that the Romans first used Fishbourne as a military port and depot where Vespasian assembled his troops.

In A.D. 69, Vespasian himself became emperor. A few years later, work began on the building of the Fishbourne palace. Perhaps Vespasian was remembering the loyalty of Cogidubnus and was now presenting him with the palace in return for his faithful support of the Romans.

Words and phrases checklist

agmen – column (of men), procession
alius – other, another
aqua – water
claudō, claudere, clausī – shut, block
commodus – convenient
dēbeō, dēbēre, dēbuī – owe, ought
effigiēs: effigiem – image, statue
equus – horse
etiam – even
fossa – ditch
frāctus – broken
honōrō, honōrāre, honōrāvī – honour
impediō, impedīre, impedīvī – delay, hinder
lectus – couch
lentē – slowly
lītus – sea-shore
miser – miserable, wretched
nauta – sailor
plaustrum – wagon, cart
praesum, praeesse, praefuī – be in charge of
prīnceps: prīncipem – chief, chieftain
prior – first, in front
quī – who
redeō, redīre, rediī – return, go back
sacerdōs: sacerdōtem – priest
saxum – rock
teneō, tenēre, tenuī – hold
unda – wave
victor: victōrem – winner
vincō, vincere, vīcī – win

in aulā

Cogidubnus Quīntum per
aulam dūcēbat. in aulā
erant multae pictūrae,
quās pictor Graecus
pīnxerat.

rēx iuvenem in hortum
dūxit. in hortō erant
multī flōrēs, quōs
Cogidubnus ex Ītaliā
importāverat.

tum ad ātrium vēnērunt.
in mediō ātriō erat fōns
marmoreus, quī aquam
effundēbat.

rēx et hospitēs in aulā
cēnābant. cēna, quam
coquī Graecī parāverant,
optima erat. servī
**magnum ōvum in
mēnsam posuērunt.**

ex ōvō, quod servī in
mēnsam posuerant,
appāruit saltātrīx.

tum pūmiliōnēs, quōs rēx
in Ītaliā ēmerat,
intrāvērunt. pūmiliōnēs
pīlās iactābant.

Belimicus ultor

Belimicus, prīnceps Canticus, postquam Dumnorix in certāmine nāvālī vīcit, rem graviter ferēbat. īrātissimus erat. omnēs hospitēs, quōs rēx ad aulam invītāverat, eum dērīdēbant. Canticī quoque eum dērīdēbant et vituperābant. etiam servī, quī dē naufragiō cognōverant, clam rīdēbant. 5

'iste Dumnorix mē dēcēpit', Belimicus sibi dīxit. 'mē in scopulum impulit et praemium iniūstē cēpit. decōrum est mihi eum pūnīre.'

Belimicus sēcum cōgitāvit et cōnsilium callidum cēpit. erant in aulā multae bēstiae, quās rēx ē multīs terrīs importāverat. inter hās bēstiās erat ursa ingēns, quam servus Germānicus custōdiēbat. 10 Belimicus ad hunc servum adiit.

'hoc animal est magnificum', inquit. 'mē valdē dēlectat. ursam tractāre volō; eam nōn timeō.'

itaque prīnceps ad ursam cotīdiē veniēbat; ursae cibum et aquam dabat. paulātim ursam mānsuētam fēcit. tandem sōlus ursam 15 tractāre potuit.

mox Cogidubnus cēnam et spectāculum nūntiāvit. amīcōs ad aulam invītāvit. Belimicus statim ad servum Germānicum contendit, et eī dīxit,

'rēx hodiē spectāculum dat. hodiē hanc ursam in aulam dūcere 20 volō. nunc eam tractāre possum. hospitibus eam ostendere volō.'

servus invītus cōnsēnsit. Belimicus cachinnāns sibi dīxit,

'parātus sum. nunc Dumnorigem pūnīre possum.'

ultor *avenger*	iniūstē *unfairly*
graviter ferēbat *took badly*	sēcum *to himself*
dē naufragiō *about the shipwreck*	ursa *bear*
cognōverant: cognōscere *find out, get to*	Germānicus *German*
know	adiit: adīre *approach, go up to*
clam *secretly, in private*	tractāre *handle*
impulit: impellere *push, force*	paulātim *gradually*
praemium *prize*	mānsuētam *tame*

Mosaic floor from the palace of Fishbourne

rēx spectāculum dat

rēx cum multīs hospitibus in aulā cēnābat. Salvius et Quīntus prope
rēgem recumbēbant. Britannī cibum laudābant, Rōmānī vīnum.
omnēs hospitēs rēgī grātiās agēbant.
    subitō Belimicus tardus intrāvit.
    'ecce! naufragus noster intrat', clāmāvit Dumnorix. 'num tū 5
aliam nāvem āmīsistī?'
    cēterī Belimicum dērīsērunt et Dumnorigī plausērunt. Belimicus
tamen Dumnorigī nihil respondit, sed tacitus cōnsēdit.
    rēx hospitibus suīs spectāculum nūntiāvit. statim pūmiliōnēs
cum saltātrīcibus intrāvērunt et hospitēs dēlectāvērunt. deinde, ubi 10
rēx eīs signum dedit, omnēs exiērunt. Salvius, quem pūmiliōnēs nōn
dēlectāverant, clāmāvit,
    'haec cēna est bona. numquam cēnam meliōrem cōnsūmpsī. sed
ursam, quae saltat, vidēre volō. illa ursa mē multō magis dēlectat
quam pūmiliōnēs et saltātrīcēs.' 15
    rēx servīs signum dedit. servus Germānicus, quī hoc signum
exspectābat, statim cum ursā intrāvit et hospitibus eam ostendit.
    Belimicus, simulatque hoc vīdit, surrēxit, et ad medium
triclīnium prōcessit.
    'mī Dumnorix!' clāmāvit. 'facile est tibi iocōs facere. sed ursam 20
tractāre nōn audēs! ego nōn timeō. ego, quem tū dērīdēs, ursam
tractāre audeō.'
    omnēs Belimicum spectābant attonitī. Belimicus, quī servum iam
dīmīserat, ursam ad Dumnorigem dūxit.
    'nōnne tū quoque ursam tractāre vīs?' rogāvit īnsolēns. 'nōnne tū 25
hospitibus spectāculum dare vīs?'
    Dumnorix impavidus statim surrēxit et Belimicum dērīsit,
    'facile est mihi hanc ursam superāre. tē quoque, homuncule,
superāre possum.'
    tum cēterī, quī anteā timuerant, valdē cachinnāvērunt. 30
Belimicus, ubi cachinnōs audīvit, furēns ursam pulsāvit, et eam ad
Dumnorigem impulit. subitō ursa saeva sē vertit, et Belimicum

ferōciter percussit. tum prīncipēs perterritī clāmōrem magnum
sustulērunt et ad iānuās quam celerrimē cucurrērunt. etiam inter sē
pugnābant, quod exīre nōn poterant. ursa, quam hic clāmor 35
terruerat, ad lectum cucurrit, ubi rēx sedēbat.

rēx tamen, quod claudicābat, effugere nōn poterat. Dumnorix in
ursam frūstrā sē coniēcit. Salvius immōtus stābat. sed Quīntus
hastam, quam servus Germānicus tenēbat, rapuit. hastam celeriter
ēmīsit et bēstiam saevam trānsfīxit. illa dēcidit mortua.   40

tardus *late*
naufragus *shipwrecked sailor*
tacitus *silent, in silence*
cōnsēdit: cōnsīdere *sit down*
pūmiliōnēs: pūmiliō *dwarf*
cum saltātrīcibus *with dancing-girls*
saltat: saltāre *dance*
multō magis *much more*
iocōs: iocus *joke*
audēs: audēre *dare*

homuncule: homunculus *little man*
cachinnāvērunt : cachinnāre *roar with
    laughter*
cachinnōs: cachinnus *laughter*
furēns *furious, in a rage*
saeva *savage*
sē vertit: sē vertere *turn round*
coniēcit: conicere *hurl, throw*
immōtus *still, motionless*
hastam: hasta *spear*

Bronze model of a bear

When you have read this story, answer the questions at the end.

Quīntus dē sē

postrīdiē Quīntus per hortum cum rēge ambulābat, flōrēsque variōs
spectābat. deinde rēx eum rogāvit,
   'quō modō ex urbe Pompēiīs effūgistī? paterne et māter
superfuērunt?'
   'periit pater', inquit Quīntus trīstis. 'māter quoque in urbe periit. 5
ego et ūnus servus superfuimus. ad urbem Neāpolim vix effūgimus.
ibi servum, quī tam fortis et tam fidēlis fuerat, līberāvī.'
   'quid deinde fēcistī?' inquit rēx. 'pecūniam habēbās?'
   'omnēs vīllās, quās pater in Campāniā possēderat, vēndidī. ita
multam pecūniam comparāvī. tum ex Ītaliā discēdere voluī, quod 10
trīstissimus eram. ego igitur et lībertus meus nāvem cōnscendimus.
   prīmō ad Graeciam vēnimus et in urbe Athēnīs paulīsper
habitābāmus. haec urbs erat pulcherrima, sed cīvēs turbulentī.
multī philosophī, quī forum cotīdiē frequentābant, contrōversiās
inter sē habēbant.   15
   post paucōs mēnsēs, aliās urbēs vidēre voluimus. ad Aegyptum
igitur nāvigāvimus, et mox ad urbem Alexandrīam advēnimus.'

variōs: varius *different*
quō modō *how*
superfuērunt: superesse *survive*
Neāpolim: Neāpolis *Naples*
vix *with difficulty*
tam *so*
fuerat *had been*
possēderat: possidēre *possess*
comparāvī: comparāre *obtain*
cōnscendimus: cōnscendere *embark on, go on board*
prīmō *first*
Athēnīs: Athēnae *Athens*
frequentābant: frequentāre *crowd*
mēnsēs: mēnsis *month*
Aegyptum: Aegyptus *Egypt*

1 Where did the king have this conversation with Quintus?
2 Who escaped with Quintus to Naples?
3 How did Quintus raise money after the eruption of Vesuvius?
4 Why did he want to leave Italy?
5 Where did he go first? What did he see in the forum there?
6 Where did he go next? How did he travel? Was the journey long
   or short?

**Part of the palace garden at Fishbourne,
looking east (see plan on p.75)**

About the language

1 In this Stage, you have met examples of the *pluperfect* tense. They looked like this:

in aulā erat ursa ingēns, quam rēx in Ītaliā **ēmerat**.
In the palace was a huge bear, which the king had bought in Italy.

hospitēs, quī ad caerimōniam **vēnerant**, plausērunt.
The guests who had come to the ceremony applauded.

2 The complete pluperfect tense is as follows:

portāveram	I had carried
portāverās	you (singular) had carried
portāverat	he had carried
portāverāmus	we had carried
portāverātis	you (plural) had carried
portāverant	they had carried

3 Further examples:

1 Rūfilla ancillās, quae cubiculum parāverant, laudāvit.
2 in ātriō sedēbant hospitēs, quōs rēx ad aulam invītāverat.
3 nōs fessī erāmus, quod per tōtum diem labōrāverāmus.
4 Belimicus, quī nāvem āmīserat, īrātissimus erat.
5 Salvius mē pūnīvit, quod ē vīllā fūgeram.

4 Study the differences between the present, perfect and pluperfect tenses:

present	*perfect*	*pluperfect*
portat	portāvit	portāverat
he carries	he carried	he had carried
audiunt	audīvērunt	audīverant
they hear	they heard	they had heard
dīcit	dīxit	dīxerat
scrībit	scrīpsit	scrīpserat
ambulant	ambulāvērunt	ambulāverant
docent	docuērunt	docuerant

Model of the palace of Fishbourne

Practising the language

1 Complete each sentence of this exercise with the right word from those given below, and then translate. You will have to use some words more than once.

nominative	Rōmānī	Britannī
dative	Rōmānīs	Britannīs

1 Rōmānī et Britannī ad aulam vēnerant. Cogidubnus Rōmānīs et . . . . . cēnam splendidam dabat.
2 rēx Rōmānīs favēbat. multī . . . . . prope rēgem sedēbant. rēx . . . . . vīnum optimum obtulit.
3 rēx . . . . . nōn favēbat. Cogidubnus Britannīs vīnum pessimum obtulit.
4 multī . . . . . erant īrātī. mox Britannī et . . . . . inter sē pugnābant.

obtulit: offerre *offer*

2 Translate into English:

Cogidubnus et Vespasiānus

Cogidubnus Quīntō dē vītā suā nārrābat:
'ubi Rōmānī in Britanniam invāsērunt, Claudius legiōnem
secundam contrā Durotrigēs mīsit. Vespasiānus, quī hanc legiōnem
dūcēbat, ad mē vēnit et auxilium rogāvit. ego Vespasiānō auxilium
dedī. Rōmānīs frūmentum comparāvī. Rōmānīs explōrātōrēs dedī.   5
hī explōrātōrēs Rōmānōs celeriter dūxērunt ad regiōnem, ubi
Durotrigēs habitābant. Durotrigēs diū resistēbant sed Rōmānī
tandem victōrēs erant. Vespasiānus ad mē ita scrīpsit:
"Durotrigēs   fortiter   pugnāvērunt,   sed   nōs   eōs   tandem
superāvimus. multōs Durotrigēs necāvimus; multās fēminās   10
līberōsque cēpimus; multōs vīcōs incendimus. nōs Rōmānī fortiōrēs
erāmus quam barbarī. facile erat nōbīs eōs superāre."
post multōs annōs Rōmānī Vespasiānum imperātōrem fēcērunt.
Vespasiānus, quī mihi amīcus fidēlissimus erat, mē honōrāvit. hanc
epistulam ad mē mīsit: 15
"tē honōrāre volō, quod mihi auxilium ōlim dedistī. decōrum est
tibi in aulā habitāre. architectum igitur ex Graeciā arcessīvī, et
fabrōs Ītalicōs comparāvī. eōs ad tē mīsī."
architectus et fabrī, quōs Vespasiānus mīsit, callidissimī erant.
dīligenter labōrāvērunt et hanc aulam aedificāvērunt. ita   20
Vespasiānus mihi benignitātem summam ostendit.'

invāsērunt: invādere *invade*	vīcōs: vīcus *village*
legiōnem: legiō *legion*	incendimus: incendere *burn, set fire to*
contrā *against*	annōs: annus *year*
explōrātōrēs: explōrātor *scout, spy*	Ītalicōs: Ītalicus *Italian*
regiōnem: regiō *region*	benignitātem: benignitās *kindness*
cēpimus: capere *take, capture*	

About the language

1 In Stage 13, you met several sentences containing the *infinitive* of
the verb. For example:

Salvius fundum **īnspicere** vult.	Salvius wants to inspect the farm.
geminī **labōrāre** nōn possunt.	The twins aren't able to work.
	or The twins can't work.

2 You have now met several other examples of sentences containing infinitives:

facile est nōbīs effigiem **portāre.**	It is easy for us to carry the image.
commodum est mihi hīc **manēre.**	It is convenient for me to remain here.
ad aulam **revenīre** dēbeō.	I ought to return to the palace.
	or I must return to the palace.

3 Further examples:

1 difficile est Cogidubnō festīnāre, quod senex est.
2 spectāculum vidēre nōlumus.
3 necesse est nōbīs fugere.
4 pecūniam reddere dēbēs.
5 Salvius est dominus; decōrum est Salviō servōs pūnīre.
6 perīculōsum est tibi in aulā manēre.
7 victimam sacrificāre vīs?
8 vōs pugnāre nōn audētis!

The palace at Fishbourne

When the Roman soldiers moved on from Fishbourne, they left behind them a few buildings, some roads and a harbour. During the next thirty years many improvements were made. The roads were resurfaced, the drainage improved (it was a low-lying, rather marshy site) and the harbour developed. Merchant ships called regularly. A guest house was begun and a fine new villa with a set of baths was built in the late sixties. This could have been a residence built by Cogidubnus for himself on the outskirts of his new capital town.

But in about A.D. 75 everything changed. A vast area was cleared and levelled, and the villa and baths became part of the south-east corner of a huge new building. It was laid out in four long wings around a central garden. The entrance hall was situated in the middle of the east wing, and in the centre of the west wing stood the audience chamber where the king received his subjects and interviewed officials.

Specialist craftsmen were brought in from Italy: makers of mosaics, marble-workers, plasterers to make stucco friezes, painters, carpenters, iron-smiths, hydraulic engineers to construct the fountains and many others. Most of the floors were covered with mosaics, mainly geometric patterns in black and white (see the example on page 65). The walls were painted, like the walls of houses in Pompeii, with richly coloured garden scenes and architectural designs. Some walls were even lined with marble. Many traces of the activity of the craftsmen have been found. The floor of the area used by the stonemasons was littered with fragments of marble and coloured stone which had been imported from quarries in Italy, the Greek island of Scyros, Asia Minor and elswhere. In another area were signs of iron-working where the smiths had manufactured door-hinges, handles and bolts. The craftsmen and the materials were brought in from outside, but all the construction and detailed manufacture was carried out on the site itself, where the builders lived and worked for many years.

The open area, which measured approximately 90 by 70 metres (100 by 80 yards), was laid out as a garden. A broad path, 12 metres (40 feet) wide and surfaced with chippings, ran through the middle of it, leading from the entrance hall to the audience chamber. On either side of the path were lawns, not rolled and mown like a modern lawn, but nevertheless with the grass kept short and tidy. Paths ran round the outside of the lawns, and along the edges of the paths were beds for shrubs and flowers. The gardeners cut deep bedding trenches in the soil, and filled them with a mixture of loam and crushed chalk.

A line of holes across the eastern side of the garden shows where wooden poles stood to support a trellis for climbing plants. These may have been rambler roses: the Romans were fond of roses and good at growing them. The writer Pliny the Elder advised his

Ground plan of the palace

readers to manure rose-bushes with kitchen rubbish and to see that the roots were embedded in it.

A system of underground pipes brought water to the fountains which stood at intervals along the paths. Small marble and bronze statues were placed here and there to provide further decoration.

So the garden, like the palace, was planned, laid out and decorated in the most fashionable Italian style. Whether the owner was Cogidubnus or somebody else, he wished his palace in Britain to be as Roman as possible.

Words and phrases checklist

aedificō, aedificāre, aedificāvī –
   build
auxilium – help
bonus – good
cōnsentiō, cōnsentīre, cōnsēnsī
   – agree
cōnsilium – plan, idea
deinde – then
dēlectō, dēlectāre, dēlectāvī –
   delight
dērīdeō, dērīdēre, dērīsī –
   mock, jeer at
dīmittō, dīmittere, dīmīsī –
   send away, dismiss
effugiō, effugere, effūgī – escape
faber – craftsman
flōs: flōrem – flower
frūmentum – grain
imperātor: imperātōrem –
   emperor
inter – among
ita – in this way

melior – better
nāvigō, nāvigāre, nāvigāvī –
   sail
nōnne? – surely?
parātus – ready, prepared
pereō, perīre, periī – die, perish
pōnō, pōnere, posuī – place,
   put
postrīdiē – on the next day
pūniō, pūnīre, pūnīvī – punish
saltō, saltāre, saltāvī – dance
simulac, simulatque – as soon
   as
summus – highest, greatest, top
supersum, superesse, superfuī
   – survive
tollō, tollere, sustulī – raise,
   lift up
vertō, vertere, vertī – turn

Language
Information

Contents

PART ONE: About the language   page   80
Nouns   80
Pronouns ('ego', 'tū', 'nōs', 'vōs', etc.)   82
Verbs   84
Irregular verbs   86
Longer sentences with 'postquam', 'simulac', etc.   88

PART TWO: Words and phrases   90

PART ONE: About the language

Nouns

1 You have met the following cases of the noun:

	first *declension*	*second* *declension*	*third* *declension*	
		singular		
nominative	puella	servus	mercātor	leō
accusative	puellam	servum	mercātōrem	leōnem
dative	puellae	servō	mercātōrī	leōnī
		plural		
nominative	puellae	servī	mercātōrēs	leōnēs
accusative	puellās	servōs	mercātōrēs	leōnēs
dative	puellīs	servīs	mercātōribus	leōnibus

2 Translate each sentence, then change the words in heavy print from the singular to the plural, and translate again. Notice that in these examples *two* words in each sentence have to be changed.

For example: **agricola** in fundō **labōrābat**.
           The farmer was working on the farm.
This becomes: **agricolae** in fundō **labōrābant**.
           The farmers were working on the farm.

1 **servus** ferrum ē terrā **effodiēbat**.
2 **mercātor** ad urbem **contendēbat**.
3 **ancilla** in templō manēre **volēbat**.
4 **centuriō** fūrem ferōciter **pulsābat**.
5 **lībertus** saepe dē rēge Cogidubnō **audiēbat**.
6 cūr **canis** prope iānuam **lātrābat**?

3 Translate each sentence, then change the words in heavy print from the plural to the singular, and translate again.

For example: **centuriōnēs** rēgem **salūtābant**.
The centurions were greeting the king.
This becomes: **centuriō** rēgem **salūtābat**.
The centurion was greeting the king.

1 **leōnēs** aquam **bibēbant**.
2 **servī** epistulās longās **scrībēbant**.
3 **ancillae** in culīnā **labōrābant**.
4 **pictōrēs** Herculem **pingēbant**.
5 **mātrōnae** multās ancillās **habēbant**.
6 **candidātī** in forō **ambulābant**.

4 Translate the following sentences, which contain several examples of the dative case. Use the table in paragraph 1 to help you, if you are not sure whether a word is dative singular or dative plural.

1 imperātor lībertīs et cīvibus spectāculum dedit.
2 Salvius vīlicō et agricolae canem ostendit.
3 puer iuvenibus et senī rem nārrāvit.
4 ancillae mercātōrī et mīlitibus triclīnium parāvērunt.
5 coquus dominō et amīcīs respondit.
6 nūntius cīvī et nautae crēdēbat.

adjectives: Comparative / superlative
eg ignavus - lazy   ignavior - lazier
ignavissimus - laziest

Language Information:6

Pronouns ('ego', 'tū', 'nōs', 'vōs', etc.)

1   In Unit I, you met the Latin words for 'I', 'you (singular)', 'me', etc.:

nominative	ego	tū
accusative	mē	tē
dative	mihi	tibi

rhētor **tē** laudāvit.   senex **mihi** illum equum dedit.
The teacher praised you.   The old man gave that horse to me.

2   You also met the words for 'we', 'you (plural)', 'us', etc.:

nominative	nōs	vōs
accusative	nōs	vōs
dative	nōbīs	vōbīs

nōs Rōmānī sumus mīlitēs.   dominus **vōs** īnspicere vult.
We Romans are soldiers.   The master wants to inspect you.

3   Notice the Latin for 'with me', 'with you', etc.:

Salvius **mēcum** ambulābat.   Rūfilla **tēcum** sedēbat.
Salvius was walking with me.   Rūfilla was sitting with you.

rēx **nōbīscum** cēnābat.   iuvenēs **vōbīscum** pugnābant?
The king was dining with us.   Were the young men fighting with you?

Compare this with the usual Latin way of saying 'with':

rēx **cum Salviō** ambulābat.   mīlitēs **cum iuvenibus**
The king was walking with   pugnābant.
Salvius.   The soldiers were fighting with the young men.

82

4 Further examples:

1 ego tibi pecūniam dedī.
2 rēx nōs ad aulam invītāvit.
3 Cogidubnus nōbīscum sedēbat.
4 cūr mē accūsās?
5 nōs ancillae semper labōrāmus.
6 necesse est vōbīs mēcum venīre.
7 vōs Quīntō crēditis, sed Salvius mihi crēdit.
8 tē pūnīre possum, quod ego sum dominus.

5 The words 'ego', 'tū', etc. belong to a group of words known as *pronouns*. Pronouns are used in sentences in a very similar way to nouns. For example, this sentence uses the noun 'Salvius':

Salvius est dominus.   Salvius is the master.

But if Salvius himself were the speaker of the sentence, he would not use the noun 'Salvius' but the pronoun 'ego':

ego sum dominus.   I am the master.

And somebody speaking to Salvius would replace the noun 'Salvius' with the pronoun 'tū':

tū es dominus.   You are the master.

Verbs

1 You have met the following forms of the verb:

	first conjugation	*second conjugation*	*third conjugation*	*fourth conjugation*
		present tense		
I carry	portō	doceō	trahō	audiō
you (s) carry	portās	docēs	trahis	audīs
he carries	portat	docet	trahit	audit
we carry	portāmus	docēmus	trahimus	audīmus
you (pl) carry	portātis	docētis	trahitis	audītis
they carry	portant	docent	trahunt	audiunt
		imperfect tense		
I was carrying	portābam	docēbam	trahēbam	audiēbam
you (s) were carrying	portābās	docēbās	trahēbās	audiēbās
he was carrying	portābat	etc.	etc.	etc.
we were carrying	portābāmus			
you (pl) were carrying	portābātis			
they were carrying	portābant			
		perfect tense		
I carried	portāvī	docuī	trāxī	audīvī
you (s) carried	portāvistī	docuistī	trāxistī	audīvistī
he carried	portāvit	etc.	etc.	etc.
we carried	portāvimus			
you (pl) carried	portāvistis			
they carried	portāvērunt			

The forms of the *pluperfect tense* are given in Stage 16, page 70.

	infinitive		
portāre	docēre	trahere	audīre
to carry	*to teach*	*to drag*	*to hear*

nearly all Latin verbs follow this pattern.
However, the perfect tense of the 3rd
Conjugation requires special attention

2 Translate the following examples:

1 portāvī; audīvī; portābam; audiēbam.
2 portābant; docēbant; portāvimus; trāximus.
3 trahēbās; trahēbāmus; audiēbāmus; audiēbātis.
4 docuit; trāxit; trāxērunt.
5 portāvistī; audīvistī; audīvistis.

3 In paragraph 1, find the Latin words for:

I was carrying; I was dragging; you (singular) were hearing.

What would be the Latin for the following?

we carried; we heard; we taught.
they taught; they dragged; you (plural) dragged.

4 Translate the following examples, then change them from the singular to the plural, so that they mean 'we . . .' instead of 'I . . .', and translate again:

trahō; audīvī; docēbam; labōrābam; scrīpsī; iubeō.

5 Translate the following examples, then change them to mean 'I . . .' instead of 'he . . .', and translate again:

trahēbat; audīvit; docet; intrāvit; dormiēbat; sedet.

as the spelling of the stem can change slightly eg:

Traho → traxi
conspico → conspexi
facio → feci
dico → dixi

to check the perfect of any verb look in the index at the 3rd form of any given verb.

Irregular verbs

1   The following verbs form their *present* tense in an irregular way:

I am, you are, etc.	*I am able, you are able, etc.*	*I want, you want, etc.*	*I don't want, you don't want, etc.*
sum	possum	volō	nōlō
es	potes	vīs	nōn vīs
est	potest	vult	nōn vult
sumus	possumus	volumus	nōlumus
estis	potestis	vultis	nōn vultis
sunt	possunt	volunt	nōlunt

2   'sum' and 'possum' also form their *imperfect* tense in an irregular way:

I was, you were, etc.	*I was able, you were able, etc.*
eram	poteram
erās	poterās
erat	poterat
erāmus	poterāmus
erātis	poterātis
erant	poterant

3   In paragraph 1, find the Latin for:

he is; I am able; you (singular) want; we don't want; you (plural) are.

4   In paragraphs 1 and 2, find the Latin for:

they were; he wants; we were able; you (singular) are able; they want; they can; we were; we could.

5 The verbs 'absum' ('I am absent') and 'adsum' ('I am present')
are formed by adding 'ab' and 'ad' to the forms of 'sum'.
For example:

sum	I am	adsum	I am present	absum	I am absent
est	he is	adest	he is present	abest	he is absent
erat	he was	aderat	he was present	aberat	he was absent

Further examples:

adsunt; aberant; ades; aderāmus.

Longer sentences with 'postquam', 'simulac', etc.

1 From Stage 6 onwards, you have met sentences like this:

Salvius, postquam fundum īnspexit, ad vīllam revēnit.
Salvius, after he inspected the farm, returned to the house.
    Or, in more natural English,
After Salvius inspected the farm, he returned to the house.

2 From Stage 12 onwards, you have met sentences which are like the one above but also contain a noun in the dative case. For example:

Rūfilla, postquam Salviō rem nārrāvit, exiit.
Rufilla, after she told the story to Salvius, went out.
    Or, in more natural English,
After Rufilla told Salvius the story, she went out.

3 Further examples:

1 geminī, postquam coquō cibum trādidērunt, ē culīnā discessērunt.
2 nūntius, postquam cīvibus spectāculum nūntiāvit, ad tabernam festīnāvit.
3 rēx, postquam gladiātōrī pecūniam dedit, leōnem mortuum īnspexit.

4 In Unit IIA, you have met sentences with 'quamquam' and 'simulac'. Study the following examples:

1a Pompēius custōdēs interfēcit.
    Pompeius killed the guards.
1b Pompēius, quamquam invītus erat, custōdēs interfēcit.
    Pompeius, although he was unwilling, killed the guards.
        Or, in more natural English,
    Although Pompeius was unwilling, he killed the guards.

2a puer ē triclīniō contendit.
The boy hurried out of the dining-room.
2b simulac Salvius signum dedit, puer ē triclīniō contendit.
As soon as Salvius gave the signal, the boy hurried out of the dining-room.

5 Further examples:

1a coquus fūrem cōnspexit.
1b coquus, simulac vīllam intrāvit, fūrem cōnspexit.
2a Salvius nōn erat contentus.
2b Salvius, quamquam servī dīligenter labōrābant, nōn erat contentus.
3a Quīntus 'ecce!' clāmāvit.
3b simulac nāvem vīdit, Quīntus 'ecce!' clāmāvit.
4a nūntius ad templum cucurrit.
4b nūntius, quamquam fessus erat, ad templum cucurrit.

6 In Stage 15, you met sentences containing *relative clauses* introduced by such words as 'quī' and 'quae':

sacerdōtēs quī prope āram stābant victimās īnspexērunt.
The priests who were standing near the altar inspected the victims.

7 Translate the following examples, and pick out the relative clause if there is one. Find the noun which is being described by each relative clause.

1 flōrēs rēgem dēlectāvērunt.
2 flōrēs quī in hortō erant rēgem dēlectāvērunt.
3 nāvis ad mētam advēnit.
4 nāvis quam Belimicus dīrigēbat ad mētam advēnit.
5 prīncipēs quī in aulā sedēbant 'vīnum!' clāmāvērunt.

PART TWO: Words and phrases

Notes

1   Nouns are usually listed as in the Unit I Language Information pamphlet, i.e. nominative of 1st and 2nd declension nouns, nominative and accusative of other nouns.

2   Verbs are usually listed in the following way:

the 'I' form of the present tense, e.g. parō ('I prepare');
the infinitive, e.g. parāre ('to prepare');
the 'I' form of the perfect tense, e.g. parāvī ('I prepared');
the meaning.

So, if the following forms are given:

āmittō, āmittere, āmīsī – lose

'āmittō' means 'I lose', 'āmittere' means 'to lose', 'āmīsī' means 'I lost'.

3   Find the meaning of the following:

1 susurrō; susurrāre; susurrāvī.
2 agō; agere; ēgī.
3 haereō; impedīre; importāvī; vibrāre; interfēcī.

4   Find the meaning of the following:

tenēmus; circumspectāvērunt; tangēbam; quaesīvistī; dēplōrās.

5   All words which are given in the 'Words and phrases checklists' for Stages 1-16 are marked with an asterisk (*) in the following pages.

a

ā, ab – from
*abeō, abīre, abiī – go away
*absum, abesse, āfuī – be out, be
  absent
accidō, accidere, accidī –
  happen
*accipiō, accipere, accēpī –
  accept
accūsō, accūsāre, accūsāvī –
  accuse
*ad – to, at
*adeō, adīre, adiī – approach,
  go up to
*adsum, adesse, adfuī – be here,
  be present
*adveniō, advenīre, advēnī –
  arrive
*aedificium – building
*aedificō, aedificāre, aedificāvī –
  build
*aeger: aegrum – sick, ill
Aegyptius – Egyptian
Aegyptus – Egypt
aēneus – made of bronze
ager: agrum – field
agilis – agile, nimble
*agitō, agitāre, agitāvī – chase,
  hunt
*agmen – column (of men),
  procession
*agnōscō, agnōscere, agnōvī –
  recognise
agnus – lamb
*agō, agere, ēgī – do, act
  age! – come on!

* fābulam agere – act a play
  grātiās agere – give thanks
* negōtium agere – do business,
  work
*agricola – farmer
aliquid – something
*alius – other, another
*alter: alterum – the other, the
  second
*ambulō, ambulāre, ambulāvī –
  walk
amīca – friend
amīcitia – friendship
*amīcus – friend
*āmittō, āmittere, āmīsī – lose
amō, amāre, amāvī – like, love
amphora – wine-jar
*ancilla – slave-girl, maid
animal – animal
animus – spirit, soul
annus – year
anteā – before
*antīquus – old, ancient
*ānulus – ring
anus – old woman
anxius – anxious
appāreō, appārēre, appāruī –
  appear
appropinquō, appropinquāre,
  appropinquāvī –
  approach, come near to
*apud – among, at the house of
*aqua – water
aquila – eagle
āra – altar

arātor: arātōrem – ploughman
arca – strong-box, chest
accessō, arcessere, arcessīvī –
    summon, send for
architectus – builder, architect
ārea – courtyard
*argenteus – made of silver
armārium – chest, cupboard
ascendō, ascendere, ascendī –
    climb, rise
asinus – ass, donkey

Athēnae – Athens
*ātrium – hall
*attonitus – astonished
audeō, audēre – dare
*audiō, audīre, audīvī – hear
*aula – palace
aurātus – gilded, gold-plated
aureus – golden, made of gold
*auxilium – help
*avārus – miser

b

bālō, bālāre, bālāvī – bleat
barbarus – barbarian
bene – well
benignitās: benignitātem –
    kindness
benignus – kind

bēstia – wild beast
*bibō, bibere, bibī – drink
*bonus – good
Britannī – Britons
Britannia – Britain
Britannicus – British

c

cachinnāns: cachinnantem –
    laughing, cackling
cachinnō, cachinnāre,
    cachinnāvī – laugh,
    cackle, roar with laughter
cachinnus – laughter
caerimōnia – ceremony
caeruleus – blue
*callidus – clever, cunning
candēlābrum – lamp-stand,
    candelabrum
candidātus – candidate

*canis: canem – dog
*cantō, cantāre, cantāvī – sing,
    chant
*capiō, capere, cēpī – take,
    capture
    cōnsilium capere – make a
    plan, have an idea
carnifex: carnificem –
    executioner
cārus – dear
caudex: caudicem – blockhead,
    idiot

cēdō, cēdere, cessī – give in,
     give way
*celebrō, celebrāre, celebrāvī –
     celebrate
*celeriter – quickly, fast
     celerius – faster
     celerrimē – very quickly
     quam celerrimē – as quickly
     as possible
     cellārius – steward
*cēna – dinner
*cēnō, cēnāre, cēnāvī – dine,
     have dinner
*centuriō: centuriōnem –
     centurion
cēpī see capiō
*cēra – wax, wax tablet
     cērātus – wax, made of wax
     certāmen – struggle, contest
     certāmen nāvāle – boat-
     race
     certō, certāre, certāvī –
     compete
*cēterī – the others, the rest
*cibus – food
*cinis: cinerem – ash
     circum – around
*circumspectō, circumspectāre,
     circumspectāvī – look
     round
*cīvis: cīvem – citizen
     clādēs: clādem – disaster
     clam – secretly, in private
*clāmō, clāmāre, clāmāvī –
     shout
*clāmor: clāmōrem – shout,
     uproar

claudicō, claudicāre,
     claudicāvī – be lame, limp
*claudō, claudere, clausī – shut,
     close, block
cōgitō, cōgitāre, cōgitāvī –
     consider
cognōscō, cognōscere, cognōvī
     – get to know, find out
columba – dove
comes: comitem – comrade,
     companion
cōmis – courteous, friendly
commemorō, commemorāre,
     commemorāvī – talk
     about
*commodus – convenient
comparō, comparāre,
     comparāvī – obtain
competītor: competītōrem –
     competitor
*compleō, complēre, complēvī –
     fill
compōnō, compōnere,
     composuī – put together,
     arrange
cōnficiō, cōnficere, cōnfēcī –
     finish
coniciō, conicere, coniēcī –
     hurl, throw
*coniūrātiō: coniūrātiōnem –
     plot, conspiracy
coniūrō, coniūrāre, coniūrāvī –
     plot, conspire
cōnscendō, cōnscendere,
     cōnscendī – embark on,
     go on board
cōnscius – accomplice

*cōnsentiō, cōnsentīre,
 cōnsēnsī – agree
cōnsīdō, cōnsīdere,
 cōnsēdī – sit down
*cōnsilium – plan, idea
 cōnsilium capere – make a
 plan, have an idea
cōnsistō, cōnsistere,
 cōnstitī – stand one's
 ground, stand firm
*cōnspiciō, cōnspicere,
 cōnspexī – catch sight of
*cōnsūmō, cōnsūmere,
 cōnsūmpsī – eat
*contendō, contendere,
 contendī – hurry
*contentus – satisfied
 contrā – against
 contrōversia – debate
*conveniō, convenīre,
 convēnī – come together,
 gather, meet
 convertō, convertere, convertī
 – turn

 sē convertere – turn
*coquō, coquere, coxī – cook
*coquus – cook
*cotīdiē – every day
*crēdō, crēdere, crēdidī – trust,
 believe, have faith in
 crīnēs: crīnēs – hair
 croceus – yellow
 crūdēlis – cruel
*cubiculum – bedroom
 cucurrī *see* currō
 culīna – kitchen
*cum – with
*cupiō, cupere, cupīvī – want
*cūr? – why?
 cūra – care
 cūrō, cūrāre, cūrāvī – look
 after, supervise
 nihil cūrō – I don't care
*currō, currere, cucurrī – run
 cursus – course
*custōdiō, custōdīre, custōdīvī
 – guard
*custōs: custōdem – guard

d

 dare *see* dō
*dē – down from; about
*dēbeō, dēbēre, dēbuī – owe;
 ought, should, must
 decem – ten
*dēcidō, dēcidere, dēcidī – fall
 down
 dēcipiō, dēcipere, dēcēpī –
 deceive, trick

*decōrus – right, proper
 dedī *see* dō
 dēiciō, dēicere, dēiēcī – throw
 down, throw
*deinde – then
*dēlectō, dēlectāre, dēlectāvī –
 delight, please
*dēleō, dēlēre, dēlēvī – destroy
 dēliciae – darling

dēmōnstrō, dēmōnstrāre,
  dēmōnstrāvī – point out,
  show
dēnārius – a denarius (coin)
*dēnsus – thick
dēplōrō, dēplōrāre, dēplōrāvī –
  complain about
*dērīdeō, dērīdēre, dērīsī –
  mock, jeer at
dēscendō, dēscendere,
  dēscendī – come down
dēsiliō, dēsilīre, dēsiluī – jump
  down
dēstringō, dēstringere,
  dēstrīnxī – draw out
*deus – god
dexter: dextrum – right
  ad dextram – to the right
diadēma – diadem, crown
*dīcō, dīcere, dīxī – say
*dictō, dictāre, dictāvī – dictate
*diēs: diem – day

*   diēs nātālis: diem nātālem –
      birthday
*difficilis – difficult
dignitās: dignitātem – dignity
*dīligenter – carefully
*dīmittō, dīmittere, dīmīsī –
      send away, dismiss
dīrigō, dīrigere, dīrēxī – steer
dīrus – dreadful
discēdō, discēdere, discessī –
      depart, leave
diū – for a long time
  diūtius – any longer
dīxī see dīcō
*dō, dare, dedī – give
doceō, docēre, docuī – teach
*domina – mistress, madam
*dominus – master
*dōnum – present, gift
*dormiō, dormīre, dormīvī –
      sleep
*dūcō, dūcere, dūxī – lead
*duo – two
dūrus – harsh, hard

e

*ē, ex – from, out of
eam – her, it
*ecce! – see! look!
*effigiēs: effigiem – image,
  statue
effodiō, effodere, effodī – dig
*effugiō, effugere, effūgī – escape
effundō, effundere, effūdī –
  pour out
*ego – I

*ēheu! – alas!
eī – to him, to her
eīs – to them, for them
ēlegāns: ēlegantem – tasteful,
  elegant
ēligō, ēligere, ēlēgī – choose
ēlūdō, ēlūdere, ēlūsī – slip past
*ēmittō, ēmittere, ēmīsī – throw,
  send out
*emō, emere, ēmī – buy

ēmoveō, ēmovēre, ēmōvī – move, clear away
*eō, īre, iī – go
eōs – them
*epistula – letter
eques:equitem – horseman
equitō, equitāre, equitāvī – ride
*equus – horse
eram *see* sum
ērubēscēns – blushing
ērumpō, ērumpere, ērūpī – break away
est *see* sum
*et – and
*etiam – even
*euge! – hurray!
*eum – him
ēvolō, ēvolāre, ēvolāvī – fly out

*ex, ē – from, out of
*excitō, excitāre, excitāvī – arouse, wake up
*exclāmō, exclāmāre, exclāmāvī – exclaim, shout
*exeō, exīre, exiī – go out
*exerceō, exercēre, exercuī – exercise
explōrātor: explōrātōrem – scout, spy
exspectātus – welcome
*exspectō, exspectāre, exspectāvī – wait for
extendō, extendere, extendī – stretch out
extrahō, extrahere, extrāxī – pull out, take out

f

*faber – craftsman
*fābula – play, story
*facile – easily
facilis – easy
*faciō, facere, fēcī – make, do
*familiāris: familiārem – relation, relative
*faveō, favēre, fāvī – favour, support
fax: facem – torch
*fēmina – woman
*ferō, ferre, tulī – bring, carry
graviter ferre – take badly
*ferōciter – fiercely

*ferōx: ferōcem – fierce, ferocious
ferrum – iron
*fessus – tired
*festīnō, festīnāre, festīnāvī – hurry
*fidēlis – faithful, loyal
*fīlius – son
*flamma – flame
*flōs: flōrem – flower
foedus – foul, horrible
fōns: fontem – fountain
fortasse – perhaps
*fortis – brave

*fortiter – bravely
fortūnātus – lucky
*forum – forum, market-place
*fossa – ditch
*frāctus – broken
*frāter: frātrem – brother
frequentō, frequentāre,
   frequentāvī – crowd
*frūmentum – grain

*frūstrā – in vain
*fugiō, fugere, fūgī – run away,
   flee
fuī *see* sum
*fundus – farm
*fūr: fūrem – thief
furēns: furentem – furious, in a
   rage
fūstis: fūstem – club, stick

g

garum – sauce
*geminī – twins
*gēns: gentem – family, tribe
Germānicus – German
gerō, gerere, gessī – wear
gladiātor: gladiātōrem –
   gladiator
*gladius – sword
Graecia – Greece

Graecus – Greek
grātiae – thanks
   grātiās agere – give thanks
gravis – heavy
graviter – seriously
   graviter ferre – take badly
gubernātor: gubernātōrem –
   helmsman
*gustō, gustāre, gustāvī – taste

h

*habeō, habēre, habuī – have
*habitō, habitāre, habitāvī – live
hāc – this
haec – this
haereō, haerēre, haesī – cling
hanc – this
hās – these
hasta – spear
*hauriō, haurīre, hausī – drain,
   drink up
*hercle! – by Hercules!

*heri – yesterday
heus! – hey!
hī – these
*hic – this
hiemō, hiemāre, hiemāvī –
   spend the winter
hiems: hiemem – winter
hoc – this
hōc – this
*hodiē – today
*homō: hominem – man

homunculus – little man
*honōrō, honōrāre, honōrāvī –
    honour
*horreum – barn, granary

*hortus – garden
*hospes: hospitem – guest, host
hūc – here, to this place
hunc – this

i

*iaceō, iacēre, iacuī – lie
iactō, iactāre, iactāvī – throw
*iam – now
*iānua – door
ībam see eō
ibi – there
*igitur – therefore, and so
*ignāvus – lazy, cowardly
ignōrō, ignōrāre, ignōrāvī –
    not know of
iī see eō
illa – that, she
*ille – that, he
illī – those, they
illūc – there
illum – that
immortālis – immortal
immōtus – still, motionless
impavidus – fearless
*impediō, impedīre, impedīvī –
    delay, hinder
impellō, impellere, impulī –
    push, force
*imperātor: imperātōrem –
    emperor
*imperium – empire
impetus – attack
    impetum facere – charge,
    make an attack

importō, importāre, importāvī
    – import
*in – in, on; into, onto
incendō, incendere, incendī –
    burn, set fire to
*incidō, incidere, incidī – fall
*incitō, incitāre, incitāvī –
    urge on, encourage
incolumis – safe
incurrō, incurrere, incurrī –
    run onto, collide
inēlegāns: inēlegantem –
    unattractive
*īnfāns: īnfantem – child, baby
īnfēnsus – hostile, enraged
īnferō, īnferre, intulī – bring in
*ingēns: ingentem – huge
*inimīcus – enemy
iniūstē – unfairly
innocēns: innocentem –
    innocent
*inquit – says, said
īnsānus – mad, crazy
īnsolēns: īnsolentem – rude,
    insolent
*īnspiciō, īnspicere, īnspexī –
    look at, inspect, examine

īnstruō, īnstruere, īnstrūxī –
  draw up
  sē īnstruere – draw oneself
    up
*intellegō, intellegere, intellēxī
  – understand
*intentē – intently
*inter – among
  inter sē – among themselves,
    with each other
intereā – meanwhile
*interficiō, interficere,
  interfēcī – kill
interpellō, interpellāre,
  interpellāvī – interrupt
*intrō, intrāre, intrāvī – enter
intulī *see* īnferō
inūtilis – useless
invādō, invādere, invāsī –
  invade
*inveniō, invenīre, invēnī – find

*invītō, invītāre, invītāvī –
  invite
invītus – unwilling, reluctant
iocus – joke
ipsa – herself
*ipse – himself
*īrātus – angry
īre *see* eō
ista – that
istam – that
*iste – that
istum – that
*ita – in this way
*ita vērō – yes
Ītalia – Italy
Ītalicus – Italian
itaque – and so
*iterum – again
iubeō, iubēre, iussī – order
*iūdex: iūdicem – judge
*iuvenis: iuvenem – young man

1

*labōrō, labōrāre, labōrāvī –
  work
lacrima – tear
  lacrimīs sē trādere – burst
    into tears
lacrimāns: lacrimantem –
  crying, weeping
*lacrimō, lacrimāre, lacrimāvī –
  weep, cry
*laetus – happy
lateō, latēre, latuī – lie hidden
lātrō, lātrāre, lātrāvī – bark

*laudō, laudāre, laudāvī –
  praise
*lavō, lavāre, lāvī –
  wash
*lectus – couch
legiō: legiōnem – legion
*legō, legere, lēgī – read
*lentē – slowly
*leō: leōnem – lion
levis – changeable, inconsistent
libenter – gladly
*liber – book

*līberālis – generous
līberī – children
līberō, līberāre, līberāvī – free,
  set free
*lībertus – freedman, ex-slave
lībō, lībāre, lībāvī – pour an
  offering
liquō, liquāre, liquāvī – melt

līdus – sea-shore, shore
locus – place
Londinium – London
longē – far, a long way
longus – long
lūdus – game
  lūdī fūnebrēs – funeral
  games

m

madidus – soaked through
magis – more
  multō magis – much more
magister – foreman
magnificus – splendid,
  magnificent
*magnus – big, large, great
mandō, mandāre, mandāvī –
  order
*maneō, manēre, mānsī –
  remain, stay
mānsuētus – tame
manus – hand
mare – sea
*marītus – husband
marmoreus – made of marble
*māter: mātrem – mother
mātrōna – lady
maximē – most of all, very
  much
mē – me
*medius – middle
mel – honey
*melior – better
*mendāx: mendācem – liar

*mēnsa – table
mēnsis: mēnsem – month
*mercātor: mercātōrem –
  merchant
mēta – turning-point
metallum – a mine
*meus – my, mine
  mī Salvī! – my dear Salvius!
mihi – to me
mīles: mīlitem – soldier
mīlitō, mīlitāre, mīlitāvī – be a
  soldier
*minimē! – no!
*mīrābilis – marvellous,
  strange, wonderful
*miser: miserum – miserable,
  wretched, sad
  o mē miserum! – O wretched
  me!
miserrimus – very sad
*mittō, mittere, mīsī – send
modicus – ordinary, little
molestus – troublesome
*mōns: montem – mountain
*mortuus – dead

moveō, movēre, mōvī – move
*mox – soon
multitūdō: multitūdinem –
   crowd

*multus – much
*   multī – many
   multō magis – much more
*mūrus – wall

n

nam – for
*nārrō, nārrāre, nārrāvī – tell,
   relate
natō, natāre, natāvī – swim
naufragium – shipwreck
naufragus – shipwrecked sailor
*nauta – sailor
*nāvigō, nāvigāre, nāvigāvī –
   sail
*nāvis: nāvem – ship
Neāpolis: Neāpolim – Naples
*necesse – necessary
*necō, necāre, necāvī – kill
neglegēns: neglegentem –
   careless
*nihil – nothing
nitidus – gleaming, brilliant
niveus – snow-white
*nōbilis – noble, of noble birth
nōbīs – to us
   nōbīscum – with us
nocēns: nocentem – guilty

*nōlō, nōlle, nōluī – not want
   nōlī – do not, don't
nōmen – name
*nōn – not
*nōnne? – surely?
nōnnūllī – some, several
*nōs – we, us
*noster: nostrum – our
*nōtus – well known, famous
novem – nine
*novus – new
*nūbēs: nūbem – cloud
*nūllus – not any, no
*num? – surely . . . not?
*numerō, numerāre, numerāvī –
   count
numquam – never
*nunc – now
*nūntiō, nūntiāre, nūntiāvī –
   announce
*nūntius – messenger
nūper – recently

o

obdormiō, obdormīre,
   obdormīvī – go to sleep
occupātus – busy
oculus – eye

*offerō, offerre, obtulī – offer
*ōlim – once, some time ago
*omnis – all
*optimē – very well

*optimus – very good, excellent,
    best
*ōrdō: ōrdinem – row, line
ōrnātrīx: ōrnātrīcem –
    hairdresser
ōrnātus – decorated,
    elaborately furnished
ōrnō, ōrnāre, ōrnāvī – decorate

ōsculum – kiss
*ostendō, ostendere, ostendī –
    show
ostrea – oyster
ōtiōsus – idle, on holiday, on
    vacation
ōvum – egg

p

*paene – nearly, almost
*parātus – ready, prepared
*parō, parāre, parāvī – prepare
pars, partem – part
    in prīmā parte – in the
    forefront
*parvus – small
*pater: patrem – father
patera – bowl
paucī – a few
paulātim – gradually
*paulīsper – for a short time
pavīmentum – floor
*pāx: pācem – peace
*pecūnia – money
*per – through, along
percutiō, percutere, percussī –
    strike
*pereō, perīre, periī – die, perish
perīculōsus – dangerous
perītus – skilful
*perterritus – terrified
perveniō, pervenīre, pervēnī –
    reach, arrive at
*pēs: pedem – foot, paw

pessimus – worst, very bad
*pestis: pestem – pest, scoundrel
*petō, petere, petīvī – make for,
    attack; seek, beg for
philosophus – philosopher
pictor: pictōrem – painter
pictūra – painting, picture
pīla – ball
pingō, pingere, pīnxī – paint
*placeō, placēre, placuī – please,
    suit
*plaudō, plaudere, plausī –
    applaud, clap
*plaustrum – wagon, cart
plēnus – full
pluit, pluere, pluit – rain
*pōculum – wine-cup
*poēta – poet
pompa – procession
Pompēiānus – Pompeian
*pōnō, pōnere, posuī – place,
    put, put up
*porta – gate
*portō, portāre, portāvī – carry
*portus – harbour

poscō, poscere, poposcī –
demand
possideō, possidēre, possēdī –
possess
*possum, posse, potuī – can, be
able
*post – after, behind
*postquam – after, when
postrēmō – finally, lastly
*postrīdiē – on the next day
*postulō, postulāre, postulāvī –
demand
posuī *see* pōnō
potuī *see* possum
praecursor: praecursōrem –
forerunner
praemium – prize, reward,
profit
*praesum, praeesse, praefuī – be
in charge of
*pretiōsus – expensive, precious
prīmō – first
*prīmus – first
in prīmā parte – in the
forefront
*prīnceps: prīncipem – chief,
chieftain
*prior – first, in front

prō – in front of
prō dī immortālēs! – heavens
above!
probus – honest
*prōcēdō, prōcēdere, prōcessī –
advance, proceed
procul – far off
prōcumbō, prōcumbere,
prōcubuī – fall
*prōmittō, prōmittere, prōmīsī –
promise
*prope – near
prōsiliō, prōsilīre, prōsiluī –
leap forward
*puella – girl
*puer – boy
pugil: pugilem – boxer
pugiō: pugiōnem – dagger
*pugna – fight
*pugnō, pugnāre, pugnāvī –
fight
*pulcher: pulchrum – beautiful
*pulsō, pulsāre, pulsāvī – hit,
knock at, thump, punch
pūmiliō: pūmiliōnem – dwarf
*pūniō, pūnīre, pūnīvī – punish
pūrus – clean, spotless

q

quae – who, which
*quaerō, quaerere, quaesīvī –
search for, look for
*quam – (1) how

*quam – (2) than
quam celerrimē – as quickly
as possible
quam – (3) whom, which

*quamquam – although
quās – whom, which
*-que – and
quem – whom, which
*quī – who, which
quid? – what?
  quid vīs? – what do you
  want?

*quis? – who?
quō modō? – how?
*quod – (1) because
quod – (2) which
*quoque – also, too
quōs – whom, which
quotannīs – every year

r

*rapiō, rapere, rapuī – seize,
  grab
recipiō, recipere, recēpī –
  recover, take back
sē recipere – recover
rēctus – straight
*recumbō, recumbere, recubuī –
  lie down, recline
*reddō, reddere, reddidī – give
  back
*redeō, redīre, rediī – return, go
  back, come back
rēgīna – queen
regiō: regiōnem – region
relinquō, relinquere, relīquī –
  leave
rēmus – oar
*rēs: rem – thing
  rem cōnficere – finish the job
  rem nārrāre – tell the story
  rēs rūstica – the farming
resistō, resistere, restitī – resist

*respondeō, respondēre,
  respondī – reply
*retineō, retinēre, retinuī –
  keep, hold back
retrahō, retrahere, retrāxī –
  drag back
*reveniō, revenīre, revēnī –
  come back, return
*rēx: rēgem – king
*rīdeō, rīdēre, rīsī – laugh, smile
rōbustus – strong
*rogō, rogāre, rogāvī – ask
rogus – pyre
Rōmānus – Roman
rota – wheel
*ruō, ruere, ruī – rush
rūsticus – country, in the
  country
  rēs rūstica – the farming
  vīlla rūstica – house in the
  country

S

*sacerdōs: sacerdōtem – priest
sacrificium – offering, sacrifice
sacrificō, sacrificāre, sacrificāvī
   – sacrifice
*saepe – often
saeviō, saevīre, saeviī – be in a
   rage
saevus – savage
saltātrīx: saltātrīcem –
   dancing-girl
*saltō, saltāre, saltāvī – dance
*salūtō, salūtāre, salūtāvī –
   greet
*salvē! – hello!
*sanguis: sanguinem – blood
*satis – enough
*saxum – rock
scēptrum – sceptre
scōpae – broom
scopulus – reef
*scrībō, scrībere, scrīpsī –
   write
*sē – himself, herself, themselves
sēcum – with him, with her,
   with them
*secundus – second
*sed – but
*sedeō, sedēre, sēdī – sit
seges, segetem – crop, harvest
*sella – chair
sēmirutus – half-collapsed
*semper – always
*senātor: senātōrem – senator
*senex: senem – old man
*sententia – opinion

*sentiō, sentīre, sēnsī – feel
sermō: sermōnem –
   conversation
*servō, servāre, servāvī – save,
   look after
*servus – slave
sibi – to him, to her, to them (selves)
*signum – sign, seal, signal
*silva – wood
*simulac, simulatque – as
   soon as
sōl: sōlem – sun
sollemniter – solemnly
*sollicitus – worried, anxious
*sōlus – alone, lonely, only, on
   one's own
sonō, sonāre, sonuī – sound
sonus – sound
sordidus – dirty
*spectāculum – show, spectacle
spectātor: spectātōrem –
   spectator
*spectō, spectāre, spectāvī –
   look at, watch
splendidus – splendid
*statim – at once
statua – statue
stilus – pen, stick
*stō, stāre, stetī – stand
*stultus – stupid
suāvis – sweet
*suāviter – sweetly
sub – under
*subitō – suddenly
*sum, esse, fuī – be

summersus – sunk
*summus – highest, greatest,
   top
superbus – arrogant, proud
*superō, superāre, superāvī –
   overcome, overpower
*supersum, superesse, superfuī
   – survive

supplicium – death penalty
surdus – deaf
*surgō, surgere, surrēxī – get up,
   rise
sustulī *see* tollō
susurrō, susurrāre, susurrāvī –
   whisper, mutter
*suus – his, her, their

t

*taberna – shop, inn
tablīnum – study
*taceō, tacēre, tacuī – be silent,
   be quiet
tacē! – shut up! be quiet!
*tacitē – quietly, silently
tacitus – quiet, silent, in silence
tam – so
*tamen – however
*tandem – at last
tangō, tangere, tetigī – touch
tantus – so great, such a great
tardus – late
taurus – bull
tē – you (singular)
*templum – temple
*teneō, tenēre, tenuī – hold
tergum – back
   ā tergō – behind, in the rear
*terra – ground, land
*terreō, terrēre, terruī – frighten
terribilis – terrible
*tertius – third
tibi – to you (singular)

*timeō, timēre, timuī – be
   afraid, fear
timidus – fearful, frightened
toga – toga
*tollō, tollere, sustulī – raise,
   lift up
tot – so many
*tōtus – whole
tractō, tractāre, tractāvī –
   handle
*trādō, trādere, trādidī – hand
   over
   lacrimīs sē trādere – burst
   into tears
*trahō, trahere, trāxī – drag
trānsfīgō, trānsfīgere, trānsfīxī
   – pierce
*trēs – three
triclīnium – dining-room
tripodes: tripodas – tripods
trīstis – sad
*tū – you (singular)
*tuba – trumpet
tulī *see* ferō

*tum – then
*turba – crowd

turbulentus – rowdy,
    disorderly
*tuus – your, yours

u

*ubi – where, when
ultor: ultōrem – avenger
*umbra – shadow, ghost
umerus – shoulder
*unda – wave
unguentum – perfume
*ūnus – one

urbānus – smart, fashionable
*urbs: urbem – city
urna – bucket, jar, jug
ursa – bear
*ūtilis – useful
*uxor: uxōrem – wife

v

*valdē – very much, very
*valē – goodbye
varius – different
*vehementer – violently, loudly
*vēnātiō: vēnātiōnem – hunt
*vēndō, vēndere, vēndidī – sell
venia – mercy
*veniō, venīre, vēnī – come
*verberō, verberāre, verberāvī –
    strike, beat
verrō, verrere – sweep
*vertō, vertere, vertī – turn
    sē vertere – turn round
vestiō, vestīre, vestīvī – dress
vexō, vexāre, vexāvī – annoy
*via – street
vibrō, vibrāre, vibrāvī – wave,
    brandish
victima – victim
*victor: victōrem – victor,
    winner

vīcus – village
*videō, vidēre, vīdī – see
vīgintī – twenty
vīlicus – bailiff, manager
*vīlla – house, villa
*vincō, vincere, vīcī – win, be
    victorious
vindicō, vindicāre, vindicāvī –
    avenge
*vīnum – wine
*vir – man
virga – rod, stick
vīs see volō
vīsitō, vīsitāre, vīsitāvī – visit
vīta – life
vītō, vītāre, vītāvī – avoid
*vituperō, vituperāre,
    vituperāvī – blame, curse
vix – hardly, scarcely, with
    difficulty

vōbīs – to you (plural)·
  vōbīscum – with you (plural)
*vocō, vocāre, vocāvī – call
*volō, velle, voluī – want
  quid vīs? – what do you
    want?

*vōs – you (plural)
vōx: vōcem – voice
vulnerātus – wounded, injured
*vulnerō, vulnerāre, vulnerāvī –
  wound, injure